U0512823

丁祖昱 著

# 丁祖昱评楼市

“丁祖昱评楼市”年度精选作品

上海人民出版社

# 我在“丁祖昱评楼市”这一年

赶着2015新年的步子，《丁祖昱评楼市》正式与大家见面了。

很多人问我，当初为什么要写“丁祖昱评楼市”？现在回想起来，主因是当时特别想对市场作一些评论和分析，看到微信这么好的载体就开始蠢蠢欲动。又恰逢岁末，要对一年楼市进行总结和来年展望，于是便有了2013年12月31日“丁祖昱评楼市”微信公众账号的诞生。在尝试写了第一篇文章《从喜大普奔到调良稳泛——2013中国房地产市场总结与2014预测》之后，个人比较满意这种形式，业内反响也不错，这也让我下决心以这种形式每天一篇，一直坚持到现在。

一年之后，回头来看，不管是作为个人这一年坚持“评楼”的总结也好，还是对这一年楼市发展的完整记录也好，都希望能够把这些内容汇编起书，将其中有关行业发展规律、企业发展规律以及产品风险解析的一些个人见解，分享给行业内外。

当然，推动我出这本书还有一个重要原因，就是微信作为轻阅读的平台，带来的是碎片式的阅读方式。在变成纸质书籍的过程中，也能对这一年来碎片化的内容进行精选整合，给自己也给关注我公众号的粉丝们一个梳理和回顾的机会。

在对这366天500余篇文章进行选录的时候，我对其中涉及房地产行业各方面的专业文章、当时阅读量高的文章、热点事件的评论及跟踪、精准预判行业走势的文章作了重点收录。例如前面提到的我的首篇文章，这也是一年来我预测最准确的文章之一，今天看来，其中对城市、市场、房企的预判，都与这一年的市场发展基本一致。2014年春节期间，我对七大千亿房企（万科、保利、中海、绿地、恒大、碧桂园以及万达）进行的系列点评，在当时粉丝基数不高的前提下，也达到了篇均近一万的阅读量，其中的观点和建议在今天来看也是非常到位的。9月5日，我写了《限购之后该轮到限贷松动了！》，在之后三周的9月30日，央行、银监会就出台了限贷放松的相关政策，迎来了“银十”及整个四季度的火爆。

当然，也有部分预测不够准确的文章，在书里面我也作了收录。比如《住建部回应当前楼市六大热点之我见》中提到“地方限购不会取消但会调整”，这显然是不够精准的。一个月后我就对这个观点作了修正。

为了将更多更新的文章和观点分享给大家，直至出版的前一刻，我还在对最新文章进行收录和后记的数据更新。而在文章的呈现上，除了文字上作了少量编辑和删减，观点上则完全保持了当时的“原貌”。其中不到位的、不精准的观点和意见，还需要各位读者批评指正，不吝赐教！

CHAPTER | ONE

# 政策篇

国务院总理李克强在第十二届全国人大二次会议上做了《政府工作报告》，所涉及的房地产相关内容，要我来概括的话，用一句话就是“满满的正能量”！

## 宏观



## 救市

CHAPTER | TWO

# 市场篇

对 2014 年做个总结：市场是先抑后稳。如果说用一个词来总结一下 2015 年，可以说“平稳分化”，大家“要谨慎勿乐观”！

## 整体形势



## 价格



## 产品

CHAPTER | THREE

# 城市篇

传统意义上的一线城市就是北上广深，这是中国房地产真正的龙头所在，引领了整个中国房地产市场的发展。

CHAPTER | FOUR

# 热点篇

从“马佳佳”到“房产众筹”，从“宋公不休”到宋卫平回归的“新绿城”，从“万科合伙人”到“全民经纪”，这是有故事的一年。

## 互联网



## 企业

## 绿城



## 万科



## 其他

CHAPTER | FIVE

# 企业篇

上海是除广深之外房企最集聚的城市，根据我的观察，归纳了上海房企的三大特征。一是国企、民企平分天下，二是上市房企集聚，三是“迁都”而来的房企最多。

## 总篇



## 易居



## 千亿企业

## 典型企业

Hot Events

# 2014 楼市大事记

## 01 JAN

★★★ **01月01日 /** 克而瑞发布2013年度TOP50排行榜，千亿房企扩容至7家。

**01月06日 /** 业内传国办107号文《关于加强影子银行业务若干问题的通知》，将加强影子银行监管。

★★ **01月10日 /** 2014年全国国土工作会议上透露，将严控特大城市新增建设用地，倒逼特大城市挖掘存量用地。

★ **01月11日 /** 国土资源部将出台《不动产统一登记条例》，或将推进房地产税征收。

★★★ **01月19日 /** 中央印发《2014年中央一号文件》，深化农村土地制度改革提上日程。

**01月22日 /** 北京明确自住商品房为“共有产权性质”。

**01月23日 /** 兆华斯坦134亿元夺深圳前海地块，刷新了深圳总价地王与单价地王两项记录。

## 02 FEB

**02月10日 /** 山东省政府办公厅印发《关于进一步加强住房公积金管理工作的意见》，控制二套房、大户型贷款。

★ **02月13日 /** 国土资源部下发《关于强化管控落实最严格耕地保护制度的通知》，要求各地将保护耕地作为土地管理的首要任务。

★★ **02月15日 /** 马佳佳在万科演讲抛出“90后不买房”论调，之后引发行业大讨论。

★ **02月17日 /** 广东将允许提取住房公积金支付购房首付款和房租，利于中低收入人群解决住房问题。

**02月19日 /** 民政部强制性规定养老设施用地，推进社区养老服务设施这一公共服务。

**02月21日 /** 广州荔湾5幅地块吸金155亿元，土地市场依然火热。

**02月24日 /** 阳光100筹资23亿元赴港上市，8年上市路终成正果。

**02月28日 /** SOHO中国52亿元抛售沪两项目，被认为其转型期遇到资金问题。

★★★ **03月03日 /** 住建部透露将双向调控，未来将采取保障与市场相结合的调控大方向，楼市迎来拐点。

★★ **03月07日 /** 万科总裁郁亮首次提出“事业合伙人制度”，揭开了万科合伙人制的序幕。随后碧桂园、龙湖、绿地、阳光城也提出各自的合伙人计划，使2014年成为房企合伙人年。

★ **03月11日 /** 南京出台“宁七条”，要求90平方米以下户型占供应用地的比率达到50%以上，进一步加强房地产调控。

**03月13日 /** 中海公布2013年年报，实现净利润约为183亿元，连续12年位列房地产行业第一。

★ **03月16日 /** 国务院公布《国家新型城镇化规划》，称努力实现1亿左右农业转移人口和其他常住人口在城镇落户。

★ **03月17日 /** 金丰投资宣布注入绿地集团100%股权，刷新了A股史上的借壳纪录。

★ **04月01日 /** 北京住建委约谈50家开发商，强调限价等调控政策将在2014年持续。

**04月02日 /** 吴建斌出任碧桂园执行董事兼CFO，为碧桂园在资本市场的运作注入一剂强心剂。

★ **04月08日 /** 佛山市调整住房公积金贷款最高额度，公积金个人贷款最高额度由原来的26万元调整至36万元。

**04月10日 /** 李克强出席博鳌亚洲论坛开幕式，表示未来中国对外要加大开放，对内要以结构调整促改革。

★★ **04月17日 /** 乐居控股正式登陆纽约证券交易所，开盘当日涨幅8%。

**04月22日 /** 无锡出台户籍新政，5月1日起购买60平方米以上住宅可落户。

★ **04月25日 /** 广西北部湾经济区内北海等5市户籍居民家庭可参照南宁市户籍居民家庭政策在南宁市购房，官方否认松绑楼市。

★★ **05月01日** / 4月“中住288指数”发布，4月房价指数21个月来首次下跌。

**05月03日** / 上海“五一假日楼市”房展会闭幕，购房者观望情绪浓厚。

★ **05月05日** / 宁波悄然调整限购政策，所在地无房就算首套。

**05月06日** / 常州公积金中心发布公转商补息贷款新政，最高额度从50万提高到60万。

**05月14日** / 郑州下发《郑州住房公积金个人住房组合贷款管理暂行办法》，6月15日起凡符合公积金贷款和银行按揭贷款条件的市民均可申请组合贷款。

★★★ **05月22日** / 融创收购绿城24.313%股份，融绿事件就此拉开序幕。

★ **05月23日** / 杭州低于备案价15%以上商品房无法网签，限制开发商大幅降价销售。

★ **06月04日** / 住建部回应当前楼市六大热点，但回避楼市已现拐点的说法。

**06月05日** / 万科与百度正式确立战略合作关系，万科商业推行互联网发展战略。

★ **06月06日** / 银监会将继续执行差别化房地产贷款政策，重点支持首套房需求。

★ **06月09日** / 平安好房“好房宝1号”正式开放认购，作为第一个“互联网+房地产+金融”的跨界产品在地产届掀起轩然大波。

★★★ **06月26日** / 呼和浩特率先正式发文放开限购，成国内首个放开限购城市。

★★ **06月28日** / 房价点评网正式上线，站在第三方立场为购房者提供置业指南。

★★★ **06月30日** / 中央政治局通过户籍改革方案，为亿万农业人口转移做好铺垫。

★ **07月01日 /** 上半年房企销售TOP50榜发布，房企业绩完成率普遍偏低。

**07月06日 /** 上海华侨城苏河湾单价29.8万元/平方米，创全国楼市新高。

★★ **07月10日 /** 济南限购政策将正式退出房地产市场，其新房和二手房不再有套数限制。

★ **07月14日 /** 易居中国宣布正式推出O2O社区移动生活服务平台“实惠”，意味着易居年初开启的社区增值服务业务正式面向市场。

**07月21日 /** 克而瑞与首批17位＂咨询合伙人＂签约，成为启用“合伙人制”的第一家大型房地产服务企业。

★ **07月23日 /** 海口市房管局下发《关于中止执行房地产限购政策的通知》，成为全国第三个完全放开限购的城市。

**07月25日 /** 西安市住房保障和房屋管理局公布“鼓励人才创业、改善人居条件”新规，60平方米以下住房取消限购。

**07月27日 /** 好屋中国携手软银中国签署战略合作协议，软银看好房地产电商行业。

★ **07月29日 /** 银监会批准国开行住宅金融事业部开业，加大对棚户区改造的支持力度。

★ **08月01日 /** 上海农行执行首套房贷“有条件”利率95折，但各大行基准利率依然是主流。

**08月05日 /** 沪19家中介再度抵制搜房，抗议其变相涨价。

**08月08日 /** 旭辉“微销宝”正式上线，房地产迎来全民营销。

**08月21日 /** 江西出台《关于促进经济平稳增长若干措施》，成内地首个放松二套房首付比例的省份。

★ **08月29日 /** 万达携腾讯、百度成立新电子商务公司，BAT布局O2O。

★ **08月30日 /** 无锡、宁波同日取消限购，全国仅剩9个城市限购尚未松绑。

★ **09月15日 /** 湖北发文“鄂六条”，首套房贷利率最低七折，掀起二轮救市潮。

**09月22日 /** 苏州万科推出首个房产众筹项目，被指噱头十足。

**09月24日 /** 财政部推广PPP模式为城镇化融资，有利于控制政府性债务，缓解财政压力。

★ **09月26日 /** 苏州、石家庄、珠海三市同日取消限购，仅剩北上广深、三亚还坚守限购。

**09月29日 /** 恒大进入光伏发电产业，多元化道路越走越远。

★★★ **09月30日 /** 央行、银监会发布“9·30”新政，放宽房贷标准，利率最低可打七折。

★ **10月08日 /** 北京调整后普通住宅标准正式实施，全市90%以上的购房家庭能享受到普通住宅的税收优惠。

**10月10日 /** 淘宝房产联合20余家房企推余额宝购房，试水线上认购模式。

★★ **10月14日 /** 三部门联合下发《关于发展住房公积金个人住房贷款业务的通知》，降低贷款标准，加大公积金利用，推动异地贷款。

★ **10月21日 /** 华远地产公告新董事人选，任志强确认退休，称将改行做学术。

★ **10月23日 /** 克而瑞宣布对“房教中国”实现控股。这意味着克而瑞开始全面启动房地产人力资源和教育培训的大平台战略。

**10月25日 /** 新版《建筑工程施工许可管理办法》正式实施，取得施工许可证三个月内须开工。

★★★ **10月29日 /** 国务院总理李克强29日主持召开国务院常务会议，部署重点推进六大领域消费，要求稳定住房消费。

★★★ **10月29日 /** “宋卫平重返绿城”的消息传出，轰动业界，并在接下来的一个多月持续成为地产新闻头条。

★ **10月30日 /** 央行发布《中国银行业监督管理委员会关于进一步做好住房金融服务工作的通知》，鼓励银行业金融机构发行MBS等拓展筹资方式。

★ **11月07日 /** 上海公积金贷款新政出台，还清贷款再贷款算首套。

**11月11日 /** 万科董秘肖莉宣布离职，加盟房多多成合伙人。

★★ **11月13日 /** 上海市宣布调整普通住宅标准，新标准为内环内总价低于450万元，内外环低于310万元，外环外低于230万元。

★★ **11月18日 /** 中民投联合体248.5亿元摘上海董家渡地块，成上海总价地王。

★ **11月19日 /** 沃顿商学院院长Geoffrey Garrett给易居中国主席周忻的一封信被曝光，揭秘了克而瑞意图打造房地产行业的“黄埔军校”的计划。

**11月26日 /** 阳光城21.08亿元竞得杨浦内环宅地，4.1万元单价刷新区域纪录，一线城市土地市场回暖

**11月30日 /** 恒大完成全年1100亿元销售任务的109.73%，在房企中率先完成年度目标。

★ **11月30日 /** 中央确定停止房产税扩围，下一步转为加快房地产税立法工作。

**12月02日 /** 中国银行发布《2015年中国经济金融展望报告》，预计2015年全年GDP增长7.2%左右。

**12月10日 /** 佳兆业宣布郭英成已辞任公司执行董事、董事会主席，佳兆业事件不断升级，具体原因一直不明。

★★★ **12月22日 /** 《不动产登记暂行条例》公布，自2015年3月1日起施行。

★ **12月23日 /** 万达商业地产上市首日破发，王健林财富未超马云。

★★ **12月23日 /** 中交集团60亿元收购绿城24.288%股份，宋卫平二卖绿城。

**12月24日 /** 三湘18.61亿元竞得上海浦东新区前滩36-01地块，楼板价66629元/平方米刷新全国单价地王纪录。

2014地产界最靠谱博士的楼市“昱言”

# 政策篇

国务院总理李克强在第十二届全国人大二次会议上做了《政府工作报告》，所涉及的房地产相关内容，要我来概括的话，用一句话就是“满满的正能量”！

Part 01

宏观

# 北京自住型商品房“瑕过于瑜”



2014 年 1 月 7 日—8 日，北京市有 6 幅地块出让，正式拉开了新年土地市场序幕。1 月 7 日，有 4 幅经营性用地集中出让，其中位于顺义区赵全营镇的两幅土地是住宅类地块，从受让条件看，两宗土地需配建自住型商品住房及限价房占总受让土地总面积的 37%；1 月 8 日，又有位于朝阳区百子湾和东坝的两宗地块出让，均为自住型商品房用地，其中百子湾地块规划房源共计 360 套，东坝地块规划房源更多达 3580 套。

在我看来，北京开创自住型商品住房模式，其根本目的还是为了降低商品房房价。但我认为，至少从当前的土地拍卖结果来看，恐怕达不到预期中的效果。

首先，降低房价效果并没有完全体现出来。以 2014 年 1 月 7 日成交的顺义区赵全营镇住宅地块为例，由于自住型商品住房对地块总价拉低的效应，导致该地块普通商品房部分楼板价高达 16000 元 / 平，按照这个价格水平，商品房部分上市售价要在 30000 元 / 平以上，而当前龙湖在区域内标杆在售项目报价也仅有 25000 元 / 平。总结来讲，在普通住宅类用地中配建自住型商品房的形式，导致普通商品房部分摊到的楼板价大幅提升，已经整体抵消了自住型商品房所带来的房价下降效果。

其次，使得整个区域的产品定位非常难做。可以预见到的是，未来在北京市场上，将会出现这样一类“奇异”的项目，同一个楼盘中存在两种极端定位的产品，一边是中低端刚需的产品配置，另一边却是高端、甚至是顶级的产品配置，而这类“极不协调”的项目出现，不仅将对整个区域的居住人群定位产生困扰，同时在这部分楼盘未来自身的运营和管理环节也会面临诸多问题。

再次，在未来销售环节中，自住型商品能否顺利落入自住型需求手中已经引发了诸多议论。由于两种价差巨大的房源同时出现在同一楼盘中，而被高成本推高的普通商品房房价必然将对整个区域板块其他项目的定价起到助推作用，如果整个区域的房价因此上涨 20%—30%，那些即便要打 7 折的自住型商品房，其房价所对应的购房需求还是不是原先想要解决的那部分人群，这里我要打上一个巨大的问号。

综上所述，我对北京市场的这个新做法抱有较大的疑虑，对其能否始终执行下去也存有疑问。当然，值得一提的是，对于 1 月 8 日出让的 2 幅没有采用配建模式的纯自住型商品房用地，我觉得倒算是比较可行的尝试，但其中直接对项目售价限制的做法却更像是传统意义上的限价房，如东坝地块规定未来项目售价不高于 22000 元 / 平，这并不完全符合所谓自住型商品住房的要求。

回顾点评

**自该篇始，我一直批评北京的“自住房”政策，完全是一个“四不像”的政策，而且该政策也错误引导了北京刚需客户需求，使得 2014 年北京刚需商品房一片惨淡。一个错误的政策杀伤力实在太大。**

**相关文章链接**

2014 年 7 月 7 日从北京自住商品房 20% 中选客户放弃认购谈起

# 满满的正能量

## ——从《政府工作报告》看房地产行业趋势



2014 年 3 月 5 日上午，国务院总理李克强在第十二届全国人大二次会议上做了《政府工作报告》，对于房地产行业从业人员来说，需要及时关注此类信息，尤其是《政府工作报告》中所涉及的房地产相关内容。整体听下来，要我来概括的话，一个字“爽”、两个字“给力”、三个字“正能量”，用一句话表示就是“满满的正能量”！

首先，2014 年经济增长目标设定在 7.5% 左右，给房地产行业吃了一颗定心丸。

2013 年全国房地产开发投资 86013 亿元，环比名义增长 19.8%（扣除价格因素实际增长 19.4%），直接占全年 GDP（同比增速 7.7%）总量的 15.12%。正是这样一个事关国民经济“命脉”的支柱性产业，必然需要在稳增长中扮演重要角色，尤其是在国内经济转型、众多产业收缩的背景下，要想实现 7.5% 左右的经济增长，房地产业投资增速也必须至少保持在 20% 左右。在这样的大背景下，2014 年的房地产行业不可能受到政府过分挤压，对近期相对微妙的行业形势而言，无疑保证 7.5% 的增长给房地产业吃了颗大大的“定心丸”。

其次，以人为核心的新型城镇化给未来房地产行业发展提供了有力支撑。

《政府工作报告》提出了“三个1亿人”，促进约1亿农业转移人口落户城镇，改造约1亿人居住的城镇棚户区和城中村，引导约1亿人在中西部地区就近城镇化……有序推进农业转移人口市民化。转移人口形成的新市民在城镇化中的一个重要载体就是城镇住房，这对房地产行业未来的需求总量增长将不可限量。

再次，对楼市调控更加市场化，调控回归正常化。

在2013年我已经反复讲到过，在房地产调控方面本届政府不同以往的最大区别就是，中央不动，更多地将问题交给各个地方政府、还给市场自行调整。这次的《政府工作报告》中首次提出了针对不同城市情况分类调控，也就是说可以是正向的，可以是收紧的，也可以是放松的，摒弃以往的那种全局性、大规模的“一刀切”式的房地产调控。这在2013年以来的实践中已有表现，各个城市开始结合自身实际情况，出台不同甚至完全相反的调控措施，17个城市限购收紧，芜湖等3个城市反而相对放松，也获得中央默许。在2014年市场压力更大的情况下，相信会有更多的城市独立自主地使用调控权。

另外，保障房目标设定更加实在、更加客观。

《政府工作报告》中提出，2014年新开工700万套以上，其中各类棚户区470万套以上，年内基本建成保障房480万套，把棚户区旧城改造和保障房建设更加紧密地结合起来了。从目标设定来看，都较2013年有所下降，比之前提出的3600万套更加尊重客观现实、更具可实现性、可操作性。

回顾点评

**2014年全年房地产政策的调整，实际上都能从这次《政府工作报告》中看到端倪的，“正能量”是主旋律！**

# 上海规土“五量调控”将成高地价终结者



2014 年 5 月 6 日，上海市第六次规划土地工作会议举行，韩正书记对编制好上海新一轮的城市总体规划提出了诸多具体要求，其中很重要的一点就是对上海未来规土管理方面基本策略的制定，对未来上海土地利用提出了一个“五量调控”管理思路，其分别是：总量锁定、增量递减、存量优化、流量增效、质量提高。

这五点将对上海未来土地利用具有重要指导意义，最核心的思路则是通过变性流通给出了土地使用权的退出机制。

最重要的是存量优化。对原有已出让土地的规划调整放开了闸门，而且我们也看到在和土地收储相关的政策当中，充分考虑到了不同利益主体的利益诉求，比如原有的工业用地转性收储之后再出让，只是给一个补偿，现今还会在原有补偿基础上，给予一定比例的土地出让收益，这就给存量土地的再利用打开了全新的思路。对一些零星地块的盘活，允许通过存量补地价转变土地属性，可以不通过招拍挂流程而自行开发。这又是一大批量的可开发土地被释放出来，尽管许多土地可能都较小，但总量很可观。

质量提高。降低工业用地的比重和缩短工业用地使用权期限是很有必要的。一直以来不仅上海甚至全国，工业用地在城市土地利用中比例明显偏高。如果未来每个地方城市在工业用地总量方面有 5%—10% 的缩减，就完全足以调整目前房地产住宅开发用地甚至商服用地的供求矛盾。

这个令人耳目一新的土地利用规划，将会对上海土地市场产生何种影响呢？我认为：

1. 短期内影响不大。目前只是原则性政策出台，从调研、试点、落地操作到全面铺开，形成程序化的操作规范，可能尚待时日。

2. 对未来 2—3 年之后上海整体土地市场有至关重要的意义。当前的房地产开发企业更应该关注这些存量土地、工业用地，也更应该关注旧城改造和城中村改造。

3. 这个政策对抑制上海土地价格也有重要作用，供求关系的改善将大大缓解目前上海的供地不足矛盾，在这个背景下整体地价的平稳也是可以期待的。

不过，这个政策也要注意寻租现象的出现，千万别又因为权力寻租让这么好的政策无法实施。

### 附：上海市政府出台的关于土地节约集约利用相关政策

1.《关于进一步提高本市土地节约集约利用水平的若干意见》(沪府发〔2014〕14 号)

2.《关于本市开展“城中村”地块改造的实施意见》(沪府〔2014〕24 号)

3.《关于本市盘活存量工业用地的实施办法（试行）》(沪府办〔2014〕25 号)

4.《关于加强本市工业用地出让管理的若干规定（试行）》(沪府办〔2014〕26 号)

回顾点评

**核心问题还是土地太少。**

# 户籍改革是中国房地产未来十年持续健康发展的最大动力



2014 年 6 月 30 日，中共中央政治局会议的三项议题之一就是户籍制度改革，审议通过了《关于进一步推进户籍制度改革的意见》。强调了户籍改革要着力促进有能力在城镇稳定就业和生活的常住人口有序实现市民化，要区别情况、分类指导，因地制宜地实行差别化落户政策，促进大中小城市和小城镇合理布局、功能互补，增强中小城市和小城镇经济集聚能力，为农业转移人口落户城镇创造有利条件。

2014 年初《政府工作报告》中提到的“三个 1 亿人”，再结合《国家新型城镇化规划（2014—2020 年）》提到的“推进符合条件农业转移人口落户城镇，实施差别化落户政策”以及目前的《意见》——这三者的结合将成为未来中国房地产持续健康发展的最大需求红利。为何这么说?

1. 户籍政策的打破才是真正的中国城镇化升级换代。2013 年末 53% 的城镇化率是常住人口，户籍城镇化率仅 35%，从这个意义上说，过往的城镇化还是常住人口，缺少大部分国人所看重的“根”——户籍，这当中 18 个百分点的空间，将在取得户籍之后才可能真正“落脚城市”，买房的迫切程度将会不同以往。

2. 未来“三个 1 亿人”。随着户籍政策的支持，人口导入速度加快，也将成为未来房地产市场的需求主体。

3. 持续效应比较长。目前来说，从需求变成有效购房需求，得满足两个条件：一是需要购房；二是有能力购房。大多数新增转移农业人口必须要有一定时间的财富积累期，才可能具备买房的相应条件，而户籍改革无疑能让他们安心地停留在城市中创业或就业而累积财富，最终实现购房并落脚城市。

4. 户籍改革对部分二线城市及三、四线城市的未来房地产市场支撑更大。一方面是一线城市落户还是受到严格控制，二、三线城市落户则逐渐放开。在三、四线城市房地产市场供求严重失衡的情况下，对未来需求的增长将会有极大的促进。

当然，户籍改革是一个中长期的、复杂的系统工程，其效应要在数年之后才开始逐步释放，如果希望户籍制度改革能立马拯救当前房地产市场，那就有点要求过高了。

回顾点评

**户籍改革是未来的最大动力，但短期效用有限。不过 2014 年第三季度，各地明显加快了户籍改革的进度，希望能对房地产市场产生积极的影响。**

# 最难收的房产税



2014 年 10 月 29 日上海地税局发布《关于缴纳 2014 年度个人住房房产税有关事项的提示》，要求 12 月 31 日前应缴纳当年度个人住房房产税，对经催报催缴仍拒不缴纳个人住房房产税的，将纳入诚信体系。

之前 9 月 15 号，重庆也发了类似的通知，当然重庆的手段也更多，比如媒体曝光、交易限制、银行扣款等，更绝的是还想出了通过边境检查阻止出境的方法。据说这招非常有用，由于重庆主要收高档存量房的房产税，牵扯到好多年前的房产，这些客户开始大都拒绝缴纳房产税，但是一跟出入境挂钩之后，就乖乖把税交了——税可以拖，国不能不出啊！收税收到这个地步，也是很罕见了，房产税可以说是目前最难收的税种了。

现在还只有上海、重庆两个地方收房产税，其中上海只针对增量这块（本市居民在上海市新购住宅并且属于该居民家庭第二套及以上住房和非上海居民家庭在上海新购的住房），重庆则是针对高端住房（主城区超过均价两倍的新房；全部独栋商品房；无重庆户籍、未在当地工作，在重庆买两套及二套以上）。根据两地的征收情况的相关报道，重庆过去 3 年缴纳的房产税只有 4 亿元，上海也不过 6 亿元，在地方政府税收总额中可谓九牛一毛，金额如此之低、征收如此之难，恐怕也是当时政策制定时始料未及的。

未来影响房地产市场的最不确定的因素实际上也是房地产税。关于房地产税出台的消息前前后后不知传了多少遍。从我们掌握的情况来看，目前已经不是讨论房地产税该不该征的问题，房地产税起草都快结束了，已经在讨论什么时候提交人大走立法程序了。房地产税并不是单纯的新增税种，而是相关税收的统一改革，包括一些税种的合并，有增税，也有减税。政府也对房地产税寄予厚望，希望能成为未来地税的主要组成部分。从发达国家的经验来看，房地产税也确实占到了地方政府财政收入的半壁江山。

今天仅仅在上海、重庆试点，房产税已经碰到这么大的阻碍，成为了最难收的税，如果全面推开征收难度可以想象。房地产税，说说容易征收难啊！

回顾点评

**房产税再困难也要收，未来地方财政全靠它了。**

Part 02
救市

# 静观地方“救市”摩拳擦掌



继无锡以户籍改革之名调整购房落户政策之后，地方正式拉开了分类调控的序幕！截至 4 月底，已有南宁、杭州萧山、无锡、天津等地出台或网传酝酿出台地方“救市”政策，如广西在北部湾同城化框架下提出北海、防城港、钦州、玉林、崇左市户籍居民家庭可参照南宁市户籍居民家庭政策在南宁市购房，网传杭州萧山设置土地竞拍保证金上限以减轻企业拍地资金压力，无锡取消 144 平方米以上户型限购，天津推出滨海新区内无房即可购房和共有产权房一成首付……

随着 4 月份企业、政府等各方翘首以盼的成交回升未曾如期而至，企业自身通过降价应对，地方政府也纷纷开始摩拳擦掌、出台“救市”政策遥相呼应。

在我看来，无论是确实出台“救市”政策的还是网传的，有以下三大特征：

1. 都是高库存压力较大的城市。杭州、常州、无锡、天津、温州等概莫能外，虽然南宁总体楼市供求比和消化周期相对合理，但部分区域如五象新区、青秀区供求失衡，压力巨大。

2. 力度都很温和。总体来说不痛不痒，市场信号作用比实际效果大。

3. 手法相对单一。目前的措施，对消费层面主要针对限购做文章，对企业主要是降低土拍门槛，而对于更为重要的资金层面、银行贷款，地方政府还是有心无力，尚无所作为。

对未来政策走向及市场走向的判断，我有三点看法：

1. 总体方向是分类调控。2013 年以来的情况表明，政府并不愿过多使用行政手段干预市场，所以对各地方能够出台大力度刺激性政策别抱太大希望，充其量也只是对原有行政手段的调整和修正，而对于全国范围内全面取消限购的可能性不大（个别城市根据实际情况具备取消条件）。

2. 市场刚刚进入调整期。过往的市场周期走势表明，2014 年也是调整年。此前 2005 年、2008 年、2011 年，每次间隔 3 年。之前每次调整期基本在 9—12 个月，2014 年的调整从春节过后的 2 月开始起算历时 3 个月，才刚刚进入调整发展期，还未到最艰难的时期。当然 2014 年的调整预计最长也不过 1 年，力度上也不会特别大，企业大可不必特别悲观。但是，不要寄希望于经历此番调整之后，再像从前数次一样，引来量价齐升的红火光景。

3. 对企业来说，目前大企业的操作思路、手法统一，按着既定目标随行就市，按照市场可接受的价格进行去化，部分项目降价也属正常，只要确保高周转、整体不亏损即可。中小型房企则需要根据自身情况尽快形成自身策略，对现金流紧张的库存压力大，要有壮士断腕的决心和勇气。

还是那句老话——要谨慎，勿悲观！

回顾点评

**本文对 2014 年市场调整做了清晰判断和预测，并预计调整时间最长不超过 1 年。“要谨慎，勿悲观”成为全年关键词。**

**相关文章链接**

2014 年 3 月 13 日不明觉厉的“宁七条”
2014 年 4 月 4 日“限购松绑”
2014 年 4 月 24 日无锡分类调控开始动手了
2014 年 5 月 11 日一周热点评论——“救市”政策遍地开花

# 住建部回应当前楼市六大热点之我见

日期 2014 年 6 月 6 日 阅读量 6819 转发量 437

2014 年 6 月 4 日，国务院新闻办举行新闻发布会，住房城乡建设部总经济师冯俊代表住建部介绍了棚户区改造和保障性住房建设工作进展情况，并针对当前房地产市场的变化回答记者提问。其涉及限购取消、市场拐点、负增长、调控基本思路、空置率、交易税费等六方面问题，我本人想就冯俊的回应谈谈我自己的理解和看法。

1. 地方限购不会取消但会调整

住建部再次明确地方政府可以根据自身实际情况，对限购政策进行调整。

就目前 46 个限购城市来说，年内全面取消限购的可能性不大，但是市场压力大的城市做出相应调整可能是马上会实施的。之前我也屡次讲过限购调整的几种方式，其一是缩小限购范围，部分城市的非中心城区取消限购；其二是条件放宽，二套上调至三套，外地户籍与本地户籍一视同仁；其三是执行宽松，各地根据实际情况自行把握尺度。

2. 市场在调整但发展趋势未变

冯俊在回应关于市场拐点和指标负增长的提问时指出，且不论用的何种太极推手，但还是比较明确地认为当前市场确实在调整过程中，但并没有出现转折性的发展态势。

我也同意这样的观点，2014 年的市场调整更多是出于自身内因，因为 2013 年的市场发展过快、房价上升过于迅猛，提前透支了部分需求，客观上又增加供应，房价的上升又降低了购买力，市场的调整也是正常的。我认为通过 2014 年的调整，市场将会回到正常健康的路子上，可能大家还不太适应没有行政干预、通过市场内在自身调节的市场，一旦回归常态化，我相信未来市场将更加健康。

3. 市场化调节是趋势，但政府仍有可为

首先，空置率的问题。不应是用否定某种方法的方式来谈空置率，而是应该用某种解决方案来计算空置率，这本就是政府分内之事，无论空置率高低如何，都应该知道到底有多少。我可以给出两种方法：一是安排统计局的调查队针对已竣工交付一定年限的社区上门调研，只要样本选取科学，其结果就是有效的；二是中央政府统筹城市供水、供电部门。这两种方式都比“数灯”简单易行且结果可信度高，为何不去做呢？

其次，税费问题。房地产税费改革也是当务之急。房地产调控长效机制中，交易税费也好、持有税费也好，既不能贸然加税，也不能盲目减税，政府应该有一个房地产税的长效机制，一旦确立，就不能朝令夕改。

再次，不动产登记问题。在大数据背景下，一个企业都能将数据做到极致，政府工作任重道远！

回顾点评

**其中有一条“46 个限购城市年内全面取消限购的可能性不大”的判断还是不够精准的，之后 41 个城市限购全面取消。**

# 新华社"五评"楼市的"背后"



新华社从 2014 年 7 月 13 日开始，连续刊发 5 篇署名评论文章：

《三个"拐点"辩证看》对当前市场所处的阶段和市场的状况给以整体判断；

《借"地冷"打破土地依赖症》对土地财政问题分析和对未来走出土地财政依赖的建议；

《限购进退两难发警示》对上一轮宏观调控中最核心的、争议最大的限购政策在当下调整的相关建议；

《挤出商业地产政绩泡沫》对商业地产火爆背后问题的全面梳理；

《摸清家底调控才能真发力》对不动产登记这项重点工程的相关建议。

"五评"期间国家统计局集中公布二季度和上半年经济、房地产数据，恰逢李克强总理给出下半年经济方向，又正值房地产市场处于困境且正好是年中盘点，我不妨揣摸一下新华社"五评"楼市背后的声音。

1. 为何是五篇？连续 5 天对同一个主题进行评论也足以让其关注度达到顶峰。历史上新华社对房地产的点评基本是每年 1—3 篇，而且过去对房地产市场的评述都伴随着比较大的宏观调控政策出台。此次评论从数量上来说，已经够得上克而瑞年中市场报告了，也把当前市场除了保障房外的方方面面状况、问题、建议等涵盖在内了。

2. 作者何许人？署名作者都是新华社相关记者，而且基本是资深房产条线记者，点评水平相当高，堪称国务院参事水准，事先必然做了大量调研和访谈工作（估计我的微信也被参考了）。特别是对三个拐点的分析和对商业地产的判断这两篇，专业功力极高。

3. 带来什么信号？从点评来看，最重要的信号应该是政府认为当前市场的状况依然是正常的。无论是对看多、看平还是看空的各类观点，给出了一个方向性的结论，认为以市场方式调节房地产市场将会是未来常态。

4. 短期会有何动作？首先应该是限购政策在各城市或取消或调整，短期内是可看到的。本周武汉就确认调整了，南宁和上海也都流出相关传言。其次是房地产税制改革也在进行相关铺垫，房地产税也将呼之欲出。

5. 有些观点还是值得商榷的。一个是有关土地财政退出，从短期来看我认为是不现实的，5—10 年内在地方政府还没有找到替代收入的情况下，不要轻言土地财政不依赖；其二是不动产登记制度的建立，我之前也讲过很多城市根本不清楚到底有多少房子，何况一个国家。其三是商业地产的问题，虽然大家已经很清楚，但地方政府在这方面冲动依然强烈，如果现有地方考核体制不变的话，单靠新华社的呐喊依然无济于事。

这次“五评”应该讲是历年新华社评论房地产中最专业最到位的一次，希望新华社的这次水平能够一直保持下去！

回顾点评

**2014 年的政策调整基本上就循着这个轨迹来的，取消限购、松绑限贷，不动产统一登记也稳步推进，再一次确立了新华社的“喉舌”媒体地位。**

# 近半城市限购松绑，全面放开指日可待

日期 2014年7月31日 阅读量 6016 转发量 458

2014年7月份，房地产市场最大的热点就是各城市限购政策的松绑。短短的一个月内，已经有18个城市陆续松绑。这正应验了我当时在呼和浩特限购取消后所做的判断和预测。

**7月份取消或松绑限购的城市**

| 能级 | 城市 | 明文或暗松限购时间 |
|---|---|---|
| 二线 | 济南 | 2014年7月10日 |
| | 海口 | 2014年7月23日 |
| | 西安 | 2014年7月28日 |
| | 杭州 | 2014年7月29日 |
| | 宁波 | 2014年7月30日 |
| | 长春 | 2014年7月21日 |
| | 石家庄 | 2014年7月28日 |
| | 武汉 | 2014年7月22日 |
| | 苏州 | 2014年7月21日 |
| | 贵阳 | 2014年7月29日 |
| | 天津 | 2014年7月25日 |
| | 南昌 | 2014年7月15日 |
| | 成都 | 2014年7月24日 |
| | 厦门 | 2014年7月15日 |
| 三线 | 温州 | 2014年7月29日 |
| | 徐州 | 2014年7月28日 |
| | 衢州 | 2014年7月22日 |
| | 无锡 | 2014年7月26日 |

在限购松绑的城市中，二线城市逾半放松或取消了限购，三线城市松绑的也达到了 4 个。另外，沈阳、郑州、南京、兰州和金华等城市也有传言松绑限购。

那么，对于其他城市是否会加入这个行列，我有以下三点判断：

第一，三类城市预计会马上松绑限购。首先，是沈阳、青岛、大连、哈尔滨等库存压力比较大的城市。这类城市市场已呈严重供应过剩。如沈阳、青岛上半年供求比均 1.4，持续上升，其库存消化周期均超过两年，进入高危区。其次，是西宁、兰州、银川中西部省会城市。这些区域性中心城市，对于吸收本省城镇化人口的作用显著，本身没有必要执行严格的限购。最后，是浙江和华南的三线城市。

第二，部分城市预计将结构性松绑。这主要是库存压力不大的城市，如合肥、长沙、南京、郑州、昆明。从库存消化周期看，合肥只有 6 个月，供不应求；长沙、南京分别为 14.7 个月、11.4 个月，风险相对温和。这些城市对取消限购并无紧迫感。但由于中心城区存量土地资源趋紧，同时有加快城镇化的需求，这些城市不排除结构性的松动。

第三，一线城市限购政策短期内很难松动，但最终退出也只是时间问题。一线城市的限购是否放开更具标杆性意义，因此短期内难放松。从中央政府的角度来看，一线城市若是放开限购很可能成为一个“信号”，引发舆论对政府是否“救市”的探讨，影响购房者和房企的心态，继而使得房价产生大幅波动。但从中长期来看，本届政府倡导的是让市场代替行政进行调节，因此取消所有城市的限购将是大势所趋。另外，三亚作为国际旅游城市，限购取消与否影响不大，但有必要取消针对外地人的购房限制。

回顾点评

**由于呼和浩特率先取消限购，各个城市分别跟进。当时预测仅一线城市和三亚不一定取消，到年底也确实只剩下这五个城市。**

**相关文章链接**

2014 年 8 月 8 日北上广深，中国限购政策的最后坚守者！

TALKS 大家说

# 限购放开，市场会反转？

## 【事件背景】

2014 年 7 月份房地产市场最大的热点便是各城市限购政策的松绑。短短一个月内，已经有 18 个城市陆续松绑。接下来的房地产市场将会出现怎样的变化？

大家怎么看待最近限购放松？

**rainbow 不是记者**：上海最近连续推了好几幅宅地，是不是能看出政府对未来的市场还是比较看好的？市场不好的时候政府怕卖不出价，几乎不推地。

**丁祖昱**：我觉得 8 月各个城市还会继续放开限购，市场信心有所恢复，但购买力还是处于低点。

**真叫卢俊**：我的观点就是 7 月整了这么多政策，这不科学，但是的确说明楼市动向的微妙啊，国家坚持实现 GDP 增长 7.5% 的目标。取消限购是 7 月的最大政策，但不一定是最有力的政策，最有力的政策应该是对限贷的控制。

**丁祖昱**：我倒是建议住宅政策里中国银行的房利美、房贷美快出现，这段时间 M2 开始回升，是个好信号。

细化到具体城市，又是怎样的情况呢？

**北京的四哥**：北京应该最谨慎，应该会憋到上海之后吧。

**丁祖昱**：其实微调并不难，上海之前也专门开过专家研讨会。我更期望上海北京能有微调，特别是对不合理歧视外来人口的政策，像外地人单身不能买房，即使婚后也要交五年社保才能买房等。

**rainbow 不是记者**：我觉得上海的单身限购和社保要求是为了防止全国每个人都有资格到上海来假结婚—假离婚然后买房，所以建议取消单身限购的时候还是保留对社保的一定要求。

**舅舅**：杭州主城的首置最近应该可以回暖，我这两天已经接到很多咨询电话，都是有购房资格，指明要主城区。这些本来就是一些正常居住需求，但前一阵杭州市场真是烂到崩溃边缘，有需求也会强行憋回去的。

丁祖昱：我不认为限购调整对杭州有大作用，萧山余杭第一套也没有人买，市区 140 平方米以上需求确实好点，但刚需还是不振。

舅舅：杭州解限，对主城区作用大一些，市中心顶级豪宅，之前线下协议占比 30%—50%，转签概率比较高。市中心高端住宅，基本上每个楼盘都有几十组客户长期锁定，但一直观望不下单。现在这些客户估计至少三分之一有可能下单。之前主要受信心影响。

丁祖昱：杭州我还是不看好，即使有一波客户，也远远解决不了杭州供大于求的状况。

舅舅：总的来说供应量非常可怕，但主城比萧山、余杭略乐观，萧山年底库存会到 6 万套，余杭区住宅存量比主城还高。

讨论下房企吧，接下去各大房企的竞争会更激烈。

舅舅：最大受益者一定是融创绿城，限购松绑了，价格又灵动起来，能去化一大批。

丁祖昱：限购解除，中海等也是受益者，另外华侨城等也是。

rainbow不是记者：我觉得有没有限购对万科影响是最小的，因为他们的产品大多是针对刚需自住的。

丁祖昱：错，限价放松对领先企业当然影响更大，市占率大的企业都不受益的话，限购就白放开了。

黄章林：全国来讲，限购松绑世茂应该是利好，豪宅教父可以继续出货。

丁祖昱：我来总结下吧：碧桂园营销体系大洗牌，下半年压力大了；别对绿城期望过高；保利只是上半年不够积极，5 月以来有一定改变。价格战方面嘛，万科、绿地、万达杀作一团，恒大、雅居乐、中海也是价格杀手。

舅舅：万科肯定是最坚挺的，出货毫不犹豫，还趁势囤了不少便宜的地，品牌也没有大伤。绿城也灵活起来了。

rainbow不是记者：融创加入后的绿城营销很猛，这样短期内对绿城周转速度肯定有很大提升，不过长期会不会对品牌有负面影响？但浙江房企一定要存活一批，毕竟产品才是购房者最看重的。

rainbow不是记者：我觉得绿地张玉良最近心思貌似不在销售上，而是在各种多元化以及如何获取更多合作、获得低价资源上。2014 年我觉得未必能超过万科，但长期来说还是蛮看好的。

# 限购之后该轮到限贷松动了

日期 2014 年 9 月 5 日 阅读量 12041 转发量 660

时至 2014 年 9 月初，关于“放松限贷”的新闻可谓此起彼伏。9 月 2 日，有报道称，招商银行关于房贷政策有所放松，调整后的政策为“认贷不认房”，尽管 3 日总行对传言进行辟谣，但同时却表示招行对个人房贷业务从战略上已有一定的倾斜，难免会让人觉得招行的此次传言事件并非空穴来风。同一天媒体报道，广州多家银行下调首套房贷的利率水平，部分外资银行给出了优惠利率。

在大多数城市已经完成限购政策调整后，是否限贷也该放松了？

一、资金面相对宽松是松贷的基础。央行数据统计，上半年 M2 余额为 120.96 万亿元，同比增长 14.7%，而二季度以来 M2 数据也日益改善。另外，央行多次“微刺激”和“定向宽松”已经使得整体资金面明显宽松。央行方面也表示，下半年可能逐步放松信贷额度，并通过窗口指导加大对实体经济尤其是住房按揭贷款的支持。

二、政府方面松贷愿望迫切。此前已有包括广东、浙江、四川、福建等省份与杭州、绍兴、包头等城市出台了相关政策，要求银行放松限贷，特别是要在首套房信贷方面给予支持。央行和中国银监会在 6 月也连续向商业银行喊话，要求商业银行支持首套房贷。

三、商业银行自身也出现松动。上半年整体市场资金面偏紧，而作为商业银行肯定不待见房贷，特别是首套房贷。下半年，银行方面对于房地产市场的判断也不像之前那么悲观。除了对三、四线城市继续看空外，对多数一、二线城市的市场预期有所上升，再加上资金面的逐步宽松，银行能够照顾的领域和行业也都照顾了，不能照顾的和房地产相比还远不如地产呢，那么银行在此时放松限贷也是完全有可能的。另外，最近一部分商业银行已经暗地动手争抢优质客户，基于自身及竞争的考虑，银行也会放松限贷。

9月到了，地方政府该做的都做了（取消或放松限购、贷款补助、契税补贴、落户放松等等），房企能做的也在做了（特别是最近开始全面价格策略和各种营销手段齐上），如果银行也开始做它们该做的事，那么2014年“金九”的成色是可以期望的！

回顾点评

**从2014年预测和建议来看，这篇是最到位的文章之一。在9月5日讲“该轮到限贷松动了”之后3周，9月30日央行、中国银监会就出台了限贷放松相关政策，迎来了“银十”及整个四季度的火爆。**

**相关文章链接**

2014年8月4日成都财政补贴银行，救房地产还是救银行
2014年8月19日上海限贷松绑“一日游”
2014年10月13日限贷放松，看起来很美

# 总理发言了，还有啥政策？



10 月 29 日，李克强总理在国务院常务会议中对提振消费做了相关部署，其中专门提到了稳定住房消费。现在总理发完言了，我们也帮他一起想想办法，看看有哪些政策可以出台，我们按照政策出台后对市场的效果由强至弱来猜测一下。

★★★★★北上广深取消限购。一旦它们取消限购，政府"救市"的信号就再明显不过了。当然，目前看来北上广深取消限购的可能性不大，但是适当的调整还是有可能的，特别是针对非本市户籍购房限制条件的放松可能性最大，对改善需求的限制也有可能放开，对高端市场个人认为放开的可能性不是太大。虽然调整的效应比取消小很多，但调比不调好。北上广深取消限购政策是五颗星，如果不能取消，而是调整，那也是★★★★+。

★★★★★真正给出 7 折利率。7 折利率不能仅仅是在纸面上，目前为止不要说 7 折利率，8 折 85 折也没有看到过，基本都还是 9 折以上，这与央行和中国银监会给大家的期待相距甚远。出现 7 折利率，我评为五颗星，给到 8 折我也觉得是★★★★+。

★★★★交易环节的税费减免政策。二手房市场的活跃，很大程度影响一手房市场的启动。目前影响二手房市场活跃的因素，除了市场面本身以外，税费过高也是重要原因之一。如果像传言的个人住房转让营业税征免时限由 5 年恢复至 2 年、北京（唯一执行个人住房转让所得税 20% 的城市）个人住房转让所得税能有所放松、契税各城市也给予适当减免，那么对市场的启动也是大有好处的。

★★★户籍制度改革政策。之前我们也看到福建户籍制度改革已经启动，这也是按照 2014 年国务院的相关部署——除特大城市外要开放户籍，开放户籍之后会很大程度影响原先拿居住证的外来人口，他们一旦拿到户籍之后，就会成为未来潜在的购房需求。

★★公积金政策调整。之前中央已经专门发布过放松政策，上周苏州等城市关于公积金贷款也针对原先很多限制条件放宽，这项政策对普通住房购房者影响也是巨大的，特别对二三线城市的刚需，所以评为两颗星。

★各城市五花八门的购房补贴及其他地方政策。如大学生购房补贴、专门人才购房补贴等等。由于这些政策是针对特定人群，是有限制条件和有时间要求的地方政策，因此对整体市场影响并不是很大，所以评为一颗星。

以上政策都是个人猜测，仅供大家参考。但不管出台多少政策，房地产市场目前供大于求的基本面难以马上改变，政策只能解决短期的市场信心，不能改变长期市场格局，政府还需要进一步的用好市场推手来调节供求关系，让中国房地产市场越来越健康。

回顾点评

**政策效果最强的两类迟迟未出，北上广深依旧在限购之列，银行 7 折利率也始终未能实现，倒是央行降息来的出人意料。效果相对次之的政策，各地则有不同程度的调整。二手房营业税免征期尚未调整，但契税减免确有部分城市实施；户籍改革方面部分省市结合自身情况做出了相应积分制度调整，12 月 4 日国务院法制办公室就《居住证管理办法（征求意见稿）》向社会公开征求意见；公积金政策调整已在多地展开；各类购房补贴及地方政策也是地方政府视当地市场及自身情况而定，各不相同。**

**相关文章链接**

2014 年 11 月 11 日雷厉风行的 30 天：评公积金救市

# 限外放开，还有用吗？

日期 2014 年 11 月 10 日 阅读量 3874 转发量 66

近日，国家发改委发布新修订的《外商投资产业指导目录》，重点放宽了服务业和一般制造业的外资准入；修订后的版本在汽车电子、房地产、电子商务、地铁、造纸等领域取消了对外资的限制。

曾几何时，外资被看成洪水猛兽，特别是 2002 年之后，在人民币升值预期的刺激下，大量国际资本流入中国，房地产行业成为国际资本的重要投机领域。外资通过收购在建项目或企业股权，在市场上直接购房，直接取得土地进行房地产开发等途径进入我国房地产市场，最开始集中在北京、上海等一线城市。外资多以房地产基金为主，最有代表性的是新加坡凯德置地和摩根士丹利等机构。从央行《2004 年中国房地产金融报告》中数据看，2002—2004 年，在上海房地产市场的购买者当中，外资占 20% 左右。可以说，2002 年之后的房价飙升，外资“功不可没”，在这样的情况下，限制外资的呼声日渐高涨。

于是乎，从 2006 年开始外资逐渐被“限制”进入房地产领域。这些政策措施虽然没有将外商投资进入房地产列入“禁止类”，但外商投资中国房地产行业已相当困难。

时隔几年后，又默默地放开了外资限制，但今时之市场已经不是昨天之市场，再放开是不是有点晚了。

曾几何时，外资是房地产行业最受欢迎的“金主”，外资尤其是港资房企，无不被奉为上宾，每次出行前赴后拥，政府一定是拿出城市中最好的位置、最好的地块交给外资去打造。今天回过头来看，无论是北京还是上海，市中心最核心位置的项目，一定是这些港资房企所有，如北京国贸（嘉里集团）、上海南京路和淮海路上的地标（恒隆、中信泰富、新世界、新鸿基等）。

这些外资房企把一线城市核心区域优质土地控制之后，又开始在二线城市圈地，整个过程历时近十年。只不过最近五六年才开始放慢了“攻城拔寨”的速度，随着这些土地陆续开工建设、交付开业，外资房企无不赚得盆满钵满。

当中国房地产市场最火爆的2009—2013年，对外资进入房地产业设置了诸多条件，一方面让外企错过了一轮高速发展的时机，但另一方面也让它们避过了争抢“地王”、市场剧烈波动的高风险时期。

时至今日，外资限制放开，除了已经在内地长期开发的房企外，我不知道还有多少外资房企甚至热钱还愿意继续投资中国房地产业。按照当前市场格局，现在要想外资进入，他们肯定也会更加谨慎权衡，精挑细选。很多时候，外资也并不是能“招之即来，挥之即去”的，市场化不是一两句话就能解决的。

中国房地产业市场化之路还很漫长，而中国经济的市场化之路更是任重道远！

回顾点评

**当前，即使政府全面支持也可能有风险，包括对外资进入房地产。**

# 降息不是救房地产



21 日晚间央行突然宣布：自 2014 年 11 月 22 日起，金融机构一年期贷款基准利率下调 0.4 个百分点至 5.6%；一年期存款基准利率下调 0.25 个百分点至 2.75%，同时结合推进利率市场化改革，将金融机构存款利率浮动区间的上限由存款基准利率的 1.1 倍调整为 1.2 倍；其他各档次贷款和存款基准利率相应调整，并对基准利率期限档次作适当简并。

消息一发布，房地产圈欢欣鼓舞，周五晚上周六上午出现的诸多评论极其乐观，甚至出现了“现在不买房，一年又白干”的极端言论。总认为此次降息对楼市有重大利好。但我远未如此乐观，此次央行降息会对市场产生诸多方面影响，决不是单纯救房地产。

1. 短期内极大提升市场信心。这一点毋庸置疑，降息后对买房人起到了兴奋剂的作用，特别是那些犹豫观望的刚需客户，会促进他们下定决心尽快出手；对房企也如打了一剂强心针，反正都说利好，相信今天股市也会有相应表现，平白增添了许多信心，因此降息对短期信心恢复作用是最大的。

2. 降息代表着经济走下行通道。从此次降息时机把握和“9・30”政策出台的背景来看，中国经济面临着巨大的挑战，特别是保持既定经济增速压力巨大。回顾之前的降息，每次新一轮降息周期开启都预示着彼时都是一个经济探底的过程，本次降息也不例外，说明在未来一段时间经济将继续回落探底。

3. 降息不会改变房地产市场基本面。2014 年中国房地产的基本面就是供大于求，北上广深等一线城市受到土地供应制约，供求压力相对较好。其他城市除了武汉、合肥、南京等部分城市情况相对较好外，其他城市典型特征就是供大于求。从土地供应来看，供求失衡的压力短期内不会有明显改善。降息除了短期会促进部分观望群体购房外，不会带来根本性需求转变，甚至从某种程度上还会促使开发速度加快，进一步加剧市场供应量。

4. 降息不会真正降低房地产成本。对购房者而言，降息还有点用处，至少降低贷款成本相当于降息前利率的 9.4 折，但这远不如“9・30”政策中提到的最低 7 折力度大（当然 7 折不会有只能聊以自慰），9.4 折是否能够足以影响购房决策还有待考证。而降息对开发商的成本来说不会有实质影响，银行资金紧是 2014 年的常态，不对称降息和存款利率上浮 20% 又会进一步压缩银行利润，银行的钱只能更“贵”。即便有“便宜”的钱，房地产开发企业也拿不到，对房地产开发企业来说，降息带来的财务成本下降，只能停留在“YY”中。

回顾点评

**关键是降息不能改变房地产目前的基本面，“要谨慎，勿乐观”，应该是未来中国房地产的主旋律。**

# 减肥

## 为什么开始减肥？

2012 年八九月份，一连发生的几件事情让我开始走上了减肥之路，瘦下来之后便再也不想胖回去了，至今体重稳稳保持在 72 公斤，上下波动不超过 0.5 公斤。

第一件事：2012 年，周围有很多体重在 200 斤左右的男同事都在纷纷减肥。比如说，我们的臧建军臧总那年在戒烟之后体重迅速走高至 90 多公斤，于是他 7 月份开始减肥，效果非常显著，很短时间内人看起来瘦了很多。相比之下，当时我的体重没那么高，减肥的压力也不是太大，但的确也感受到了周围那火热的减肥氛围。

第二件事：当时连续几年的体检报告都不甚理想，虽然结果不算太差，但有几项指标已经达到了临界点。尽管没有脂肪肝，但也有肝脂肪浸润。自己也经常感觉疲惫，亚健康的状况非常明显。

第三件事：有一次，克而瑞足球队与申花管理层足球队踢球，到了下半场我也想上场踢一会儿，结果三四分钟不到便气喘吁吁了。当时我追着球跑了约 30 米，虽然最终球进了，可人却摔在了球门里，之后便马上下场了。那时候我的感觉真的很差，好像四肢完全不受大脑控制了。

最后，真正触动我开始减肥的“导火索”应该是遇见了一个可以作为“减肥偶像”的人。2012 年 9 月的一个晚上，我在饭桌上碰到一个把体重从 220 斤减到了 120 斤的开发商人士，深感此人非常励志，他可是整整减掉一个女同事的体重啊。

## 为何能成功减肥?

我看到很多人经常跑步，甚至还跑马拉松，但还是个胖子；我听到不少人总是说在游泳，但看起来块头忒大。这是为什么呢？经常运动的他们，为何体重却不见减轻？在此我想谈谈这几年自己减肥的方法和过程。

减肥，首先就是要控制饮食。这也是上文提到过的那个成功减掉 100 斤的朋友（减肥偶像）告诉我的。节食是整个减肥过程中最重要的一点，之后才是加上适量的运动。如果不控制嘴，这个肥是减不下去的。之前我是一个特别喜欢吃米饭的人，也是一个喜欢吃面食的人，但是从我开始减肥起，午餐和晚餐便不吃任何淀粉类的食物了。早上吃点粥，午餐和晚餐除了淀粉类食物其他菜照吃，只是吃的总量减少了，你会发现节食后其实人的胃口也变小了。这样的状况持续了大约半年，刚开始的时候见效很快，10 天左右我就瘦了 10 斤，但之后就减不下去了。

人一旦瘦下来便再也不想胖回去。体重达标后，我必须要做的是保持。

靠控制饮食减肥遭遇瓶颈后，我开始进行有氧运动。那时基本上每天快走 30 至 40 分钟。如此这般，通过节食再加上有氧运动，我减肥的效果非常好。从 2012 年 9 月到 2013 年 3 月半年多的时间里，我的体重就从 86 公斤降到最低时候的 69 公斤，这其实已经超过我的预期：71 公斤。

我的感悟是：人一旦瘦下来便再也不想胖回去。体重达标后，我必须要做的是保持。饮食上还是控制，但会吃少量的面食。运动方面，我是有氧运动和无氧运动相结合，不是每天运动，而是争取隔天运动一次或者一周运动 3 到 4 次。这样一来，我的体重又回升了 3 公斤，之后一直保持 72 公斤左右到现在。

最后，根据我自己的减肥经验，我想送给正在减肥或准备减肥的人一句话：减肥靠节食再加上运动，关键还是要坚持。

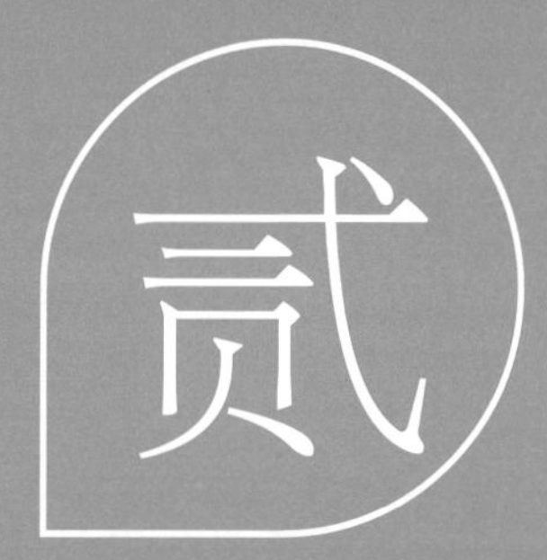

# 市场篇

对 2014 年做个总结：市场是先抑后稳。如果说用一个词来总结一下 2015 年，可以说“平稳分化”，大家“要谨慎勿乐观”!

Part 01 整体形势

# 喜大普奔到调良稳泛

## ——2013年中国房地产市场总结与2014年预测



终于在 2013 年的 12 月 31 号开通了订阅号。作为处女贴，在这里谈一下 2014 年的市场走势。

回顾过去一年，用“喜大普奔”四个字概括再合适不过，大家都高兴。

好几年没碰到这么好的市场，中央没有调控政策出台，而年初的调控政策在被搞成乌龙以后，更加刺激了市场交易，导致 3 月份成为近几年来成交最高的月份。

房价在一扫颓势之后，更加大幅上涨，尤其是北上广深这些涨幅靠前的一线城市，谁都不想成为年末的涨幅第一。

从成交量来看，本人预计也将达到创纪录的 12.5—13 亿元（实际是 13.1 亿元）。

土地市场方面同样火爆至极，200 亿元的总价地王、7 万元 / 平方米的单价地王都在 2013 年出现。

开发企业也个个赚得盆满钵满，千亿元企业阵营更是扩容至 7 家，除万科、保利、中海、绿地、万达外，恒大和碧桂园也迎头追上。

回顾 2013 年，大家无疑都喜笑颜开，而展望 2014 年，却未必如过去一年乐观。

成交稳：一线、二线的成交量稳中有跌，三线、四线成交量普遍看跌。从总量来看，13亿元的量级也许将成为阶段性的天量，2014年下跌的可能远大于上升。

价格平：房价在经历了19个月的上升，也该到了平稳的时候。除北京外，上广深价格将稳中略有升，而二线城市压力早已经凸显，三线、四线城市目前也是调整的趋势。

土地温：土地市场依旧火爆，但土地价格必须趋于理性。否则在房价不上升、成交量不上升的市场当中，单纯的地价上升必然会带来风险。

竞争剧：房地产开发企业压力将会更大，竞争更激烈。据我所知，很多企业2014年目标又定得很高，个人建议业绩目标应适度放低，尤其是上市公司。

我从来不悲观地看待市场，但我也认为2014年的市场没有想象当中那么好。虽然全国性的调控政策依然没有，但市场本身的调节机制会发挥更大的作用。透支掉的需求和过量的供应，都会影响2014年各地的市场。调良稳泛又一年，淡季不淡、旺季不旺仍将是2014年主旋律，抓住每个月的机会，可能是营销成功最重要的要素。

回顾点评

**很拗口的题目，但最重要的是观点。虽然是第一篇，但也是2014年我最准确的预测文章之一。**

**“回顾2013年，大家无疑都喜笑颜开，而展望2014年，却未必如过去一年乐观”、“一线、二线的成交量稳中有跌，三线、四线成交量普遍看跌”、“13亿元的量级也许将成为阶段性的天量，2014年下跌的可能远大于上升”、“建议业绩目标应适度放低”、“我从来不悲观地看待市场……淡季不淡、旺季不旺仍将是2014年主旋律”等等，完全验证了2014年的市场走势。**

# 要谨慎，勿悲观

日期 2014 年 2 月 25 日 阅读量 10822 转发量 719

2 月下旬，杭州楼市降价事件开始发酵，24 日 A 股房地产板块位居跌幅榜首，跌幅达 5.51%。我自己在转发我的“丁祖昱评楼市”时就提到“市场有信号，如何来把握，谨慎很需要，悲观没必要”。讲完后就有朋友问我如何做到谨慎并为什么不要悲观？我想归纳成“四个三”，分别是“三个确保”、“三个注意”、“三个不要”和“三个机会”。

## 三个确保

1. 确保现金流。这个不用我多说了，在今年银根普遍紧张的情况下，市场压力又很大，现金流对房企来说就是生命线了。

2. 确保快周转。要长线作战且看不到熬下去有超额利润的，建议要大胆放弃，2014 年是不能恋战的一年，事关生死存亡。

3. 确保做主流。目前的市场是不适合走非主流路线了，城市和项目都应该主流，主流住宅项目还是指刚需和改善（对一线、二线城市）。

## 三个注意

1. 注意降价信号。当前市场一有降价的风吹草动就要开始警惕起来，降价的杀伤力比较大，不仅影响业内，更重要的是对购房者预期影响较大，特别通过媒体尤其是互联网放大后杀伤力极强。

2. 注意去化信号。特别是一些重点项目新开盘的去化率。市场有压力，去化率指标就显得格外重要了。去化率的高低以及相对应的开盘价格，决定了市场预期和趋势。

3. 注意土地信号。市场由热转冷或者相反，最终都会体现在土地市场中。一旦土地市场出现大波动或者出现转折性事件，回过头来就是对市场的提醒。

## 三个不要

1. 不要拿地王。2013 年在整体乐观的情况下，大家对未来预期看高一线城市，许多企业拿地是以未来售价上升 20% 甚至更高来做拿地价格的参考依据，各类地王层出不穷。这种情况在今年很难复制了。

2. 不要高负债。在当前市场中仍然高杠杆、高负债运作的话，如果市场去化有压力，则立马见“颜色”，一旦波动周期超过一年，则会对房地产企业造成巨大风险。

3. 不要拼指标。这与“冲”指标完全是两个层面，“拼”就是拼命了，完全脱离市场实际或者完全按照 2013 年业绩来确定相应指标，在当前市场有压力的情况下，指标必须实事求是。

## 三个机会

1. 提高占有率的机会。越是大公司、越是市场不好的时候，才有可能体现出规模企业的优势。规模企业可以在市场不好的时候完成兼并、合作、资源重新整合利用。

2. 弯道超车的机会。一旦市场波动，好和差之间就会产生明显差异，给企业提供了弯道超车的可能，有时候一两个项目把握住了，就会冲到别人前面。

3. 大量挖人的机会。2014 年这种机会很大，比如可以从指标定得高的、销售压力特别大的企业那里挖优秀营销人才，可以从发生波动的企业那里挖好的管理人才，当然在挖别人的时候一定要扎紧篱笆，自己的优秀人才可别被别人挖走哦。

回顾点评

**“要谨慎，勿悲观”是 2014 年 1—9 月的核心关键词，而三个确保、三个注意、三个不要、三个机会也应该是 2014 年对企业的“金玉良言”。**

# 2014年房地产盘点
## ——十大热点



2014年是房地产行业跌宕起伏的一年，市场先抑后扬，企业竞争激烈，千亿公司拼到年末，特别是万绿之争、融绿之争都带给行业不同的声音。2014年十大事件盘点如下：

### 1. 限购取消

6月27日，呼和浩特市发布了《呼和浩特市人民政府办公厅关于印发〈关于切实做好住房保障工作促进全市房地产市场健康稳定发展的实施意见〉的通知》，成为全国首个正式发文放开限购的城市。随后，其他城市陆续跟进，完全放开或部分放开限购政策。目前，46个限购城市中仅有北京、上海、广州、深圳和三亚5个城市未放开限购。限购的取消意味着本届政府对房地产的调控方式作了调整，行政手段被市场化方式所取代。

### 2. 宣布降息

央行宣布，自2014年11月22日起，金融机构一年期贷款基准利率下调0.4个百分点至5.6%；一年期存款基准利率下调0.25个百分点至2.75%，同时结合推进利率市场化改革，将金融机构存款利率浮动区间的上限由存款基准利率的1.1倍调整为1.2倍；其他各档次贷款和存款基准利率相应调整，并对基准利率期限档次作适当简并。降息短期内能极大提升市场信心，但也代表着经济开始走增速下行通道，降息并不会改变房地产市场基本面，也不会真正降低房地产成本。

### 3. “9·30”限贷放松

9月30日，中国人民银行、银监会发布了《关于进一步做好住房金融服务工作的通知》，对拥有1套住房并已结清相应购房贷款的家庭，再次申请贷款购买普通商品住房，银行业金融机构执行首套房贷款政策，贷款最低首付款比例为30%，贷款利率下限为贷款基准利率的0.7倍。这一政策的出台意味着限贷放松。10月份开始市场信心全面恢复，市场成交出现了快速回升，“9·30”成为了2014年市场分水岭。

### 4. 万科绿地老大之争

2014年初，绿地提出了2400亿销售目标，希望超越万科做“新一哥”，两公司在11月底齐头并进，双方12月继续“血拼”争夺老大位置，万科绿地销售老大之争贯穿2014年全年。

### 5. 万达上市

万达商业地产于12月8日开始其IPO路演，于12月15日确定了48港元的发行价。万达本次共发行6亿新股，集资约250亿港元。万达商业地产上市后，成为了中国市值最大的上市房企，超过1500亿元。万达上市一波三折，年初被A股驳回后转战港股，并终于12月23日正式在港交所挂牌上市，首日股票破发，价格最低至43.8港元，当日收盘价为46.75港元，仍低于发行价。12月24日，股价反升，最终收于49.05港元。

### 6. 恒大多元化

2014年恒大年中会议上，首次提出多元化发展战略，并制定了力争2014年、确保2015年成为世界500强企业的目标。随后，恒大先是宣布进军现代农业、乳业、畜牧业，发布了粮油产品，后又收购了韩国整形机构和新西兰奶粉品牌，进军光伏产业，还携手杨受成布局文化传媒行业，加上之前的饮用水和足球，恒大是房企做多元化最为彻底的企业。

### 7. 绿城交易案

5月22日，融创宣布已与绿城签订协议，以约62.98亿港币的价格收购绿城24.313%的股份。收购之后，融创与九龙仓并列绿城第一大股东。随后，孙宏斌对绿城管理层进行了改组，并加强了销售。然而，10月宋卫平反悔，欲收回绿城，收购事宜生变，并由此引发了绿城围绕老宋是否回来的“大戏”。12月18日，融创和绿城在杭州签署了收购终止协议。但仅3天之后，绿城召开了新闻发布会，宣布中交建以总价约60.13亿港元的价格收购宋卫平手中约24.29%的绿城股权，成为绿城的第一大股东。

### 8. 互联网思维

从2014年初万科到腾讯、阿里、小米考察后对互联网思维的思考，到众多企业跟进房地产互联网思维大讨论，再到雷军投资了青年公寓，“互联网思维”是2014年房地产行业内被提到最多的词。然而，从实际效果来看，房地产行业的“互联网思维”主要还是被应用在营销层面。

### 9. 地王频出

2014年的土地市场尽管不是最“热”，但在抢夺优质地块时房企还是毫不手软，地王频出。其中，248.5亿元的上海董家渡地块全国地王，上海大宁路地块101亿元区域地王，扣除配建及回购后单价10万元/平方米的华嘉胡同地块等都引人注目，2014年莫名继续成为“地王年”。

## 10. 中介洗牌

2014 是中介服务行业的变革年，从中介机构共同抵制搜房、安居客等开始，传统中介模式在 2014 年受到巨大挑战。搜房入股世联行和合富辉煌，并且从媒体平台转型中介销售；易居中国互联网化，包括乐居上市，推出了实惠、房价点评网、房金所等；另外还有声称要“消灭中介”的平安好房开始做地产金融，房多多挖来万科肖莉，链家佣金比例升到 70% 全国开店，我爱我家降佣让利等等。

# 2014 年房地产盘点

## ——十大人物



2014 年是房地产行业的变革年，房企在市场压力下谋求生存和转型，对决策层来说是极大的考验，地产大佬们不同的个性也因此在人们面前展现。2014 年十大人物盘点如下：

### 1. 宋卫平

2014 年 5 月，宋卫平宣布“嫁女儿”，将绿城的股权出让给融创，选择孙宏斌作为自己的“接班人”，自己则一心投入到蓝城的代建、养老、农业等业务中，成为了地产界最轰动的一起收购案。10 月，在孙宏斌已经调整好人事并提升了绿城的运营后，宋卫平又反悔称“把绿城卖给了不该卖的人”，决心收回绿城，其情怀感动了无数绿城业主。双方各有说法，情节曲折复杂，尤其在资金问题上众说纷纭。而纠结的宋卫平也是 2014 年当之无愧的“年度人物”。

### 2. 孙宏斌

有宋卫平就必须有孙宏斌。从融绿合作开始，孙宏斌始终对于宋卫平和绿城品牌赞美不断，并对收购表现出了极大的决心。2014 年底，在经历了如此“狗血”的变故后，孙宏斌依旧在公开场合一言不发，仅以两条微博表明心声，并带领融创销售团队驻扎绿城加速去库存，降负债，被业内评为“感动中国”。

### 3. 郁亮

2014年，王石进一步淡出了万科的日常运营，而以郁亮为核心的职业经理人高管团队逐渐形成，郁亮对企业的主导地位也在公众心中确立。2014年初，郁亮推出了“合伙人”制度，对企业制度来说是一大改革；年中，郁亮又借鉴了“互联网思维”不断创新，让万科赚足了眼球；年末，郁亮在全国展开了32场轰轰烈烈的“巡演”，使人们对万科有了更深层次的了解。郁亮和他的“新万科”，值得人们尊敬。

### 4. 张玉良

2014年初，张玉良提出了要超越万科，做新的房企“老大”。这一年，绿地的动作不断：海外多国拿地扩张，多元化发展的模式也逐渐开启，金融、地铁、产城一体化齐头并进，目标直指跨国企业。经过近一年的努力，绿地的销售金额和万科不相上下，虽然最终鹿死谁手还未知，但毫无疑问绿地是2014年最大的赢家。

### 5. 王健林

王健林和他的儿子王思聪始终是话题人物，自万达商业要上市的消息传出起，将王健林与马云身家作对比的报道也是不断。或许是市场影响，传言中的上市募集资金不断“缩水”，从最初的100亿美元，到50—60亿美元，再到临近上市只剩下38亿美元。同时，王健林也带领万达积极进行文化旅游板块的扩张，开拓电商O2O，增加海外业务等，希望在传统商业模式外找到新的盈利增长点。

### 6. 许家印

自许家印在恒大年中会议上第一次提出多元化发展战略，并制定了力争2014年、确保2015年成为世界500强企业的目标后，执行力超强的恒大多元化“根本停不下来”。先是宣布进军现代农业、乳业、畜牧业，后又收购了韩国整形机构，进军光伏产业，还携手杨受成布局文化传媒行业。恒大进入的行业都与房地产无关，充分昭示了许家印的雄心。

### 7. 任志强

房地产行业的风云人物，言辞犀利、敢说真话的华远地产董事长任志强在2014年光荣退休。但是，他是“退而不休”，肯定会在行业中发挥更大作用。作为中国房地产业协会副会长、房地产研究会副会长、全国房地产商会执行会长、任志强将继续关注和研究行业，继续“开炮”。从专家角度来讲，任志强堪称是中国房地产行业的第一人。这样的地位，是不会被替代的。

### 8. 周忻

对于周忻和易居中国来说，2014年是变革年，也是创新年。先是乐居上市，在美国又敲了一回钟；推出了社区增值服务品牌“实惠”，抢占“最后一公里”的生意；基于克而瑞大数据的房价点评网上线，为消费者提供专业的、独立的房价评估和置业指南，致力打破房价信息不对称；中国首家互联网房地产金融服务平台“房金所”上线，为投资者提供安全、透明、便捷、高收益的理财产品，也为购房者提供综合授信金融服务。面对行业的竞争和变化，周忻和易居中国要革自己的命！

### 9. 莫天全

2014是搜房的转型年，莫天全在经历了中介抵制等一系列事件后，一改之前搜房网的媒体平台模式，提出了“房天下大平台”，由移动互联网平台、交易平台和金融平台构成。同时，还入股了世联行、合富辉煌、21世纪不动产（该交易未成功）等多家中介代理企业。莫天全转型的决心来源于市场的变化，把这次转型定义为“二次创业”。这也是房地产服务企业的一次进步。

## 10. 田强

田强的 2014 年充满戏剧性，在孙宏斌收购绿城股权后，曾经负责融创苏南区域和融绿平台的田强担任了绿城房产总经理，带领团队加强绿城的日常运营和销售。宋卫平回绿城的“风波”发生后，田强曾发内部信肯定了团队几个月来的业绩，曝出绿城 600 亿库存难题。随着绿城控制权争夺的白热化，宋卫平发文免去田强的总经理职务，但田强和其他“融创系”高管拒绝接受指令。

# 2014 先抑后稳，2015 稳中有分



对 2014 年做个总结：市场是先抑后稳。抑的原因一个是基本面，整体市场供应增加，而 2013 年市场太好把需求透支了，因此出现供大于求。另一个原因是 2014 年初银根收紧，特别对房地产按揭控制严格，大大抑制了消费者的购买力。2014 年前 11 个月，4 个一线城市供应 3800 万平方米，成交 2712 万平方米，供求比达到 1.4；22 个主要的二线城市供应 1686.5.74 万平方米，成交 15445.28 万平方米，供求比为 1.1。一二线城市整体供大于求，其中个别城市，如广州、西安、长沙、兰州等均在 1.5 以上。

稳的原因也很简单，主要是政策面支持。实际上，从 2013 年开始政策面已经发生很大的变化，从原先的调控思维变成现在的稳定和支持的思路。由于经济增速的下滑，使得今天房地产对经济的推动作用显得越发重要。2014 年 2、3 月份开始，从地方政府开始的救市，主要是限购政策的调整和取消、地方上的按揭信贷支持、财税补贴等，直到“9·30”中央以限贷放松为最重要的举措，加上公积金、降息一系列“组合拳”。这些政策虽然没有改变房地产市场基本面，但是为消费者注入信心，使得第四季度成交回升，全年呈现先抑后稳的走势，这也是继 2005 年之后第四个市场调整年。

总体销售情况是先抑后扬。我预估今年全国商品房总体销售

面积在12亿平方米左右，虽然比2013年回落7%—8%，但仍是历史第二高位，高于2012年的11.13亿平方米；价格是一路回落，基本上把2013年下半年涨的跌完了。当然跌跌更健康。

土地市场走势表现为“扬—抑—扬”，即当中低迷，“一头一尾”两头火爆。而盘点2014年的地王情况，比2013年有过之而无不及。

企业方面，2014年也是非常精彩：万绿争第一“战”到最后一天；融、绿抢绿城也是“抢”到最后一月，万达上市做首富也到圣诞节前才揭晓，还有诸多企业碰到诸如“野蛮人”的问题。虽然市场不如2013年，但是企业的故事却比2013年精彩很多。

2013年底我在做“2013年总结2014年预测”的时候说过，“2014年的市场不如想象中乐观”，“下跌的可能远大于上升”，“透支掉的需求和过量的供应，都会影响2014年的各地的市场”，现在看来预测基本是准确的。2014年2月我也专门提出“要谨慎勿悲观”，政府不会坐视不管。之后政府也频频出手稳定市场。

对2015年我提出“要谨慎勿乐观”，虽然2015年的市场应该能整体稳定，但也不要过分乐观，前三次市场调整后的量价提升不会在2015年再次出现。2015年整体销售应该和2014年持平，在12亿平方米左右，可能略多一点，但不会达到2013年的13亿平方米；价格方面从目前的情况看，会处于僵持的状态，整体市场上下两难。但是对于供求关系比较差的二三线城市，以价换量仍然是2015年的主旋律；当然2015年政策面依然看多，中央对房地产保持稳定的态度依然是主旋律，唯一可能出现的利空是房地产税提交人大审议，但这个所谓利空并不会长期影响市场，可能出来之后经过第一季度的市场调整，对市场的影响就会衰退；资金面也相对宽松，2014年信贷规模最终达到10万亿，目前来看2015年至少是保持的。因此2015年的市场相比2014年会更加平稳，最核心的波动就是房地产税，如果不考虑房地产税，2015年应该是相对平稳的。

一线城市依然是稳定回升，但也没必要在一线城市抢拿地王，尤其是一些区域地王。二线城市将延续2014年的走势，仍然分化严重，像合肥、武汉、郑州、南京、厦门，可能在 2015 年还可以保持平衡，大连、宁波、沈阳、长春、西安、长沙、成都、昆明压力巨大；三、四线城市反而出现一轮发展机会，但是进入之前也要看看恒大、碧桂园是否已经进入，已进入的再看看其他的城市。

产品线方面，继续看空办公、旅游地产、养老地产等，海外地产仍需谨慎，商业地产也是分化严重，住宅相对稳定，还是住宅最靠谱。

企业竞争加剧，2014 年的榜首之争在 2015 年依然会延续，宋卫平回归后的绿城会有一道坎。2014 年市场对企业的洗礼，也让企业更加明白追求利润仍是企业的基本目标，因此 2015 年制定目标的时候，企业都会悠着点，除了现金流特别偏紧的公司还可能会制定相对激进的指标之外，更多的公司可能会把利润和销售做平衡考虑，这点应该学习一下中海，在业绩和利润上做到了比较好的平衡。

如果用一个词来总结 2015 年，可以说“平稳分化”，大家“要谨慎勿乐观”！

# 杭州楼市怎么了



2014 年 2 月下旬前后，有关杭州房地产市场的消息充斥着各种消息渠道。一边是土地市场明显降温，2 月 18 日的马年首场土地拍卖上，5 幅地仅成交 4 幅，2 幅无人报价而直接成交，另 2 幅也未出现高溢价，截止到 2 月 23 日，2 月份仅实现 72.6 亿元的成交额。这厢则是楼市率先掀起降价潮，引得业主砸盘闹剧再次上演。据我核实，北海公园均价从 19000 元 / 平方米降至 16500 元 / 平方米，降幅 13.2%，香榭里均价从 17200 元 / 平方米下调至 14000 元 / 平方米，降幅 18.6%，前期业主纷纷"上门闹事"，要求补偿差价或者车位。我不禁要问，杭州市场这个众人追捧的香饽饽到底怎么了？

这些问题的核心焦点都指向杭州楼市的库存问题。我此前也提到了杭州楼市在 2013 年创造了 4 个纪录。就土地来说，2013 年杭州市区（包含萧山、余杭）土地出让总金额达 1323.9 亿元，土地面积 814.5 万平方米，可建筑面积 2156.7 万平方米，皆达到 2012 年的两倍左右；再来看商品房库存，2013 年初库存 404 万平方米，消化周期仅 5.5 个月，年末库存则达 738 万平方米，消化周期达到 13.5 个月，供求比达到了 1:0.6；再加上 2013 年出让的土地，还可供应 21 万套房源，毫无疑问，2014 年杭州商品房房源供应将创纪录。

杭州楼市的问题可以说是整个浙江房地产市场状况的延续，

先从温州开始，再到宁波，直到现在连最后的避风港的杭州也都沦陷了。出现这样的状况，其实在我看来，主要有几个方面的因素：

1. 自住需求不振。浙江的人均居住面积水平比较高，富起来的人多，居住本身不存在问题，购房是把自用和投资相结合，故而更看重未来的增值。在今天楼市投资财富效应锐减甚至消失之后，投资意愿大幅降低，造成市场需求明显减少。

2. 民营经济趋缓。深层次来说与近年来浙江民营企业发展放缓密切相关，民营实体企业和贸易企业都没有赚钱，资本界也如此，购买力下降，加之银行信贷收缩，金融杠杆效应消失，最终反映到房地产市场上就是市场需求量锐减。

如果杭州房地产市场出现问题，势必反过来影响到“玩钱”的人，这个先例再典型不过温州了。温州、宁波、杭州都存在房地产这最后一环引发的金融风险的可能。

回顾点评

**本文也是对杭州乃至整个浙江房地产市场的整体判断，核心还是供求关系。另外，经济的趋缓，也是我所认为的两大核心原因之一。**

**相关文章链接**

2014 年 3 月 27 日扯下降价“遮羞布”

# 京沪降价内幕
## ——“不败”的北京房价



北京一直被认为是中国最好的市场，最近 5 年来的房价涨幅毫无疑问是全国第一（统计局也许不认可）。长期呈现供不应求，新建商品住宅供求比在 2013 年为 0.7:1，完全供不应求，到 3 月底时存量消化周期为 13.5 个月，一线城市中最短；土地消化周期为 3.2 年，所有的短中长期指标都显示，北京楼市非常健康。正是在这种情况下，即使调控政策一个接一个，仍然没有抑制住房价上升，反而还变相起到了推波助澜的作用。北京房价俨然“不败”！

但从 4 月份开始，北京楼盘房价的确出现了比较大的变化，如报道中的亦庄、房山都出现了多盘的价格调整。北京的市场怎么了，到底是什么样的原因导致这个号称房价“不败”的市场出现颓势？我个人认为有以下几方面的因素：

1. 房价自身。自 2009 年至今的过去 5 年中，除 2011 年几个月的短暂调整外，北京房价一路攀升。克而瑞数据显示，北京商品住宅房价 2009 年 1 月到 2014 年 3 月涨幅高达 169.26%，其间 2011 年 2 月到 2012 年 2 月曾经出现过一轮调整，但之后房价迅速收复失地并攀至新高，给北京购房者打上强心剂。但是这种不败的神话必须建立在整体房价坚挺的基础上，一旦出现个别缝隙，将对市场信心产生致命的影响。

2. 供求关系。之前北京房价一路上升主要是供不应求。而3月之后新增供应快速增长，3月新增房源8544套，4月新增9221套，而4月成交仅3992套，供求比达2.31:1，供不应求神话也一夜破灭。这种供求状况持续下去的话，也将对北京楼市价格体系带来根本的改变。

3. 自住商品房。这个是压垮北京房价的最后一根稻草。之前我已经多次表述了自住商品房是一个畸形产物的看法，如果将其作为商品房，必然会对商品住宅市场产生巨大影响。1月以来已上市的自住商品房达2万套，按之前的计划下半年还将有3万套左右。尽管之前摇号中签比例甚至高达60:1，但这个对刚需购房者的影响是根本性的。可以预见这部分刚需都将长时间参与自住商品房选房、摇号，而不会转投远郊刚需楼盘。刚需的转向，是北京楼市基础的动摇。

对未来北京房价走势我也有几点预测：1.刚需项目很不乐观。2013年价格飙升的一些板块，总价超过200万元的房源，价格必然回归；2.中心城区一些价格在6万元/平方米以上的二手房小区，如果户型小、小区老，不符合高端人士的置业需求，那么这部分市场同样有价格回归的必要；3.高端楼市价格尚较稳定，但量上会有风险。北京市场每年千万元级房源交易总量大致恒定在两三千套，超过这个数量的话竞争压力将会加大。

# “坚挺”的上海房价



上海和北京此番情形很不一样，北京已经是板块集体降价，而有关上海降价的信息就这么 4 个楼盘，被翻来覆去地说道。而这 4 个楼盘都宣称仅仅是拿出部分特价房，除金大元御珑宫廷外，其他 3 个楼盘分别拿出 30 套、15 套和 4 套。这次试水，就这些房源促销而被大肆报道、当作价格下调的个案，实在太不典型，大有充数嫌疑。

具体来说，金大元御珑宫廷属于新开盘中去化较差的，2013 年 11 月开盘之后成交 7 套便归于沉寂，网上备案单价在 5 万元左右，套均 200 平方米以上。客观地讲，在唐镇这个板块，按金大元之前的产品定位和价格定位是很有问题的，即便其附近的绿城玉兰花园最近成交的 358 平方米房源，单价也仅 42104 元 / 平方米，绿城的品质、品牌远超金大元，这样的定价注定不被市场接受。再说金大元御珑宫廷在 2008 年的土地成本仅 5000 元 / 平方米，而绿城玉兰花园项目在 2009 年 和 2012 年土地平均楼板价分别为 19040 元 / 平方米和 15054 元 / 平方米。仅三分之一的土地成本足以给其非常大的调价空间而依然盈利颇丰。这种典型的定位错误，楼盘即使是整体市场火热之时也不一定能有好的去化，更不要说在市场疲态显现的当下。类似的错误其实在 2011 年上海房地产市场中就已经出现过，如华润佘山九里、金地天境、绿城玉兰花园等，这些项目一直很难去化，不曾想又有楼盘重蹈覆辙，好在是个案，对整体市场影响较小。

另外 3 个项目这次拿出房源较少，尚海湾和新城碧翠还属于尾盘。恒盛尚海湾的关联公司熔盛重工，由于行业不景气造成公司大亏损，尾盘清货、快速回笼资金也很正常；绿城上海香溢花城仅为少量房源的微幅让利，相比 700 万元左右的总价，相当于 9.5 折而已。新城碧翠一方面只有 4 套特价，另外考虑到 2013 年自贸区带来的价格飙升因素，当前的价格折扣也可以看作是自贸区概念炒作后的理性回归。

目前上海尚未出现整体板块的价格调整或重大个案的价格直降，对上海接下来新建商品住宅市场的走势，大致有以下观点：

1. 上海市场会相对稳定，价平量平是未来几个月的主旋律，要看到实质性价格下跌，按目前的供求状况，并不具备条件；

2. 压力较大的板块还是有的，比如 2013 年因自贸区概念价格快速上升的临港新城和外高桥板块，2013 年下半年地价上涨较快的嘉定新城和松江新城板块等，这些区域可能会出现一些“降价盘”或“亏本盘”；

3. 对于远郊的单总价都较高的极个别大平层项目我仍然很不看好，这种定位错误而一直滞销的项目，价格调整势在必然。

回顾点评

**本文也是预测很准确的文章之一。**

**北京刚需的回归、中心城区单价 6 万元二手房价格的回归等等，原因归结在自住型商品房；上海房价整体没有跌太多，但是像自贸区的临港、嘉定、奉贤等出现了降价盘。价格策略实际上是最核心的策略，也是最难以把握的营销策略。**

Part 03
产品

# 五大社区商业指标判断“好盘”与“差盘”



新房的价值判断核心点在区域和产品，而入住后就要看配套和服务了，社区商业就是判断好小区和坏小区最直观最方便的指标。

第一是便利店指标，也是衡量小区的人气指标。小区人气是判断小区好坏的最重要因素，而便利店则是衡量人气的最方便指标。如果社区商业中有一个便利店并正常运作，则该小区人气基本合格，如果是 24 小时便利店则人气为良，开两家以上则人气爆棚。一家也没有，那么恭喜你，这是一个“死”小区。

第二是中介店指标，衡量小区的交易活跃度指标。对房地产来说这一点尤为重要，一个小区的房子只有不断地被租赁被买卖，价值才可能体现出来。社区商业里没有中介店，你人确实是清静了，同样你房子价值基本也可以忽略了，小区房子没有换手，那一定不是个“好”小区。有两家才算合格，三家是良，四家以上才是真正的优。

第三是洗脚店指标，通过洗脚价格来衡量房子价格。洗脚是当下小区居民最基本的生活消费，而洗脚价格直接反映了小区居民的消费力，消费力决定了小区的房价高低，如果在上海，洗脚 38 元、58 元，基本房价属于 1 万多元的远郊刚需；78 元、88 元属于 2 万多元的外环大盘；108 元、128 元，中环社区 3—4 万元；

168 元以上直接成为市中心 5 万元以上高档房了。

以上三个指标基本已经可以判断一个小区“好坏”了，另外还两个特色指标也可以做一些辅助判断。

一个是咖啡馆指标，用来衡量小区国际化的成色。现在小区动不动就冠以国际化社区的名头，是不是国际化就看居民中有没有老外，老外是多还是少，而社区商业中的咖啡馆、西餐厅这些就主要是为老外们准备的。如果社区中有门庭若市的咖啡馆西餐厅，那不用说了，国际化一定实至名归，反之，那个国际化一定是开发商自己忽悠的。

另一个是“开关”店指标，这里不是指真的卖开关的店，而是指这些商户的稳定性，是否总是开了关，关了开，换个不停。一条街上两个小区，要比较哪个好，就看这个“开关”指标，一旦小区入住三年后，社区商业就应该基本成型，商家越稳定就说明小区人气旺，消费强，商家也就赚得到钱，同样小区价值就高。

# 还你一个豪宅市场的真正面目

日期 2014 年 3 月 7 日 /2014 年 3 月 10 日 /2014 年 3 月 12 日 阅读量 16310 转发量 937

这里指的豪宅是指单套总价在 1000 万元以上的物业。虽然在北京和上海，1000 万元也就是个入门级豪宅而已，但在很多地方，单套总价 1000 万元已经是个遥不可及的目标。目前豪宅主要集中在北京、上海。这两大城市 2011 年、2012 年豪宅的年销售量都在 2000 套左右，容量比较稳定。

2013 年豪宅市场升温明显，北京、上海、深圳、杭州的年成交量同比上涨在三成以上。千万元级豪宅集中成交主要有两大原因，一是受到 2013 年房地产市场整体走高影响；二是受到房价上升因素影响，按单价提升 20% 来看，一些往常售价在七八百万元的项目也迈入了千万元级行列。

五大城市千万元级豪宅 2013 年总成交 8545 套，再加上其他城市零零星星一些量，全国千万元级豪宅量不会超过 9000 套，按国内 2013 年商品住宅大约 1100 万套的总成交来看，占比不到千分

**2008—2013 年重点城市总价 1000 万元以上豪宅成交套数** 单位：套

| 城　市 | 2008 年 | 2009 年 | 2010 年 | 2011 年 | 2012 年 | 2013 年 |
|---|---|---|---|---|---|---|
| 北　京 | 760 | 1687 | 2058 | 2012 | 2301 | 3012 |
| 上　海 | 847 | 2476 | 2243 | 1735 | 2246 | 3406 |
| 广　州 | 28 | 204 | 318 | 403 | 764 | 805 |
| 深　圳 | 391 | 742 | 484 | 265 | 353 | 720 |
| 杭　州 | 193 | 511 | 817 | 276 | 331 | 602 |

数据来源：CRIC。

之一（2013年商品住宅成交量为11亿平方米，按每套100平方米计算，成交总套数为1100万套）。就这个比例来说，豪宅仍旧属“非主流”。具体到城市，2013年北京、上海的豪宅占比也仅有3%左右，占比不高，还是一个“非主流”市场。

对总价1000万元以上的物业细分一下，马上会发现，随着总价的上移，成交数量分布非常不均匀。1000—2000万元占了大头，成交占比在七成以上。总价越高成交量越少，2000万元属于分水岭，2000—3000万元成交占比锐减到15%以下。而5000万元以上项目除了北京2013年成交达到75套外，上海仅成交44套，杭州、广州、深圳三地更低。

2013年五大重点城市5000万元以上豪宅共成交151套，很多人都觉得不可思议，不是媒体讲了中国到处豪宅吗，不是北京、上海动辄都是上亿元成交的物业吗，但事实就是如此，顶级豪宅的成交数量是极其有限的，而且主要集中在北京、上海。即使对这两个城市而言，豪宅市场和全球国际化都市相比也是刚刚起步。香港、伦敦、纽约，它们的顶级豪宅不论从单价还是从总价来看，都远超上海和北京。从这个层面来讲，中国豪宅在国际上所处的位置和我国的经济地位还是相符合的，还没有所谓豪宅的超前消费。

回顾点评

**豪宅市场大发展，豪宅市场要谨慎！**

**2013年重点城市总价1000万元以上豪宅成交套数** 单位：套

| 城市 | 1000—1500万元 | 占比 | 1500—2000万元 | 占比 | 2000—3000万元 | 占比 | 3000—4000万元 | 占比 | 4000—5000万元 | 占比 | 5000万元以上 | 占比 |
|---|---|---|---|---|---|---|---|---|---|---|---|---|
| 北京 | 1745 | 58% | 779 | 26% | 313 | 10% | 66 | 2% | 34 | 1% | 75 | 2% |
| 上海 | 2398 | 70% | 573 | 17% | 253 | 7% | 99 | 3% | 39 | 1% | 44 | 1% |
| 广州 | 533 | 66% | 172 | 21% | 62 | 8% | 20 | 2% | 12 | 1% | 6 | 1% |
| 深圳 | 362 | 50% | 214 | 30% | 105 | 15% | 22 | 3% | 16 | 2% | 1 | 0% |
| 杭州 | 337 | 56% | 106 | 18% | 83 | 14% | 29 | 5% | 22 | 4% | 25 | 4% |

数据来源：CRIC。

# 评 2014 年上半年一线城市豪宅市场



虽然 2014 年上半年房地产整体市场低迷，但包括北京在内的一线城市，千万元豪宅市场成交仍然相当给力，4 市千万元以上的项目成交套数一共为 3038 套，同比减少 13%，但其中深圳却同比增长 92.3%（含非住宅属性但按住宅用途销售的项目），上海、北京、广州则略有下滑，分别同比减少 19.0%、31.6%、5.7%。即使豪宅成交数量有所下滑，但在当前市场中已颇显不易。

事实上，2013 年全年一线城市千万元以上豪宅成交情况中，主力成交总价段是 1000—2000 万元，2014 年上半年这一格局依然没有发生改变，一线城市总价 1000—2000 万元豪宅成交占千万元以上豪宅成交套数的 84.9%，与同期相比，成交占比略有下滑；2000—5000 万元以及 5000 万元以上豪宅成交占比分别增加 2.6 个

上半年一线城市千万元豪宅成交情况

| 城市 | 成交套数 | | 成交面积（万平方米） | | 成交金额（亿元） | | 成交均价（元 / 平方米） | |
|---|---|---|---|---|---|---|---|---|
| | 1H2014 | 同比 | 1H2014 | 同比 | 1H2014 | 同比 | 1H2014 | 同比 |
| 上海 | 1162 | -19.0% | 32.82 | -17.9% | 195.52 | -11.7% | 59573 | 7.5% |
| 北京 | 945 | -31.6% | 32.49 | -31.1% | 167.48 | -24.0% | 51548 | 10.2% |
| 广州 | 381 | -5.7% | 13.12 | -10.6% | 57.51 | -1.7% | 43834 | 9.9% |
| 深圳 | 550 | 92.3% | 13.31 | 79.9% | 80.4 | 87.1% | 60406 | 4.0% |
| 合计 | 3038 | -13.4% | 91.74 | -16.0% | 500.91 | -7.8% | 54601 | 9.7% |

数据来源：CRIC。

和0.5个百分点。相对入门级豪宅而言，顶级豪宅市场需求所受影响相对更小一些。

从项目方面来看，各地还是出现了一些明星项目，如上海的凯德·茂名公馆、新鸿基滨江凯旋门等，成交套数都达到两位数。特别值得一提的是深圳的深业上城项目，该项目公寓部分实际是商业产权，按住宅用途销售，取得37套的销售成绩，这种情况在全国其他城市来说是比较少见的，但在深圳这种土地供应稀缺的情况下，热销也是意料之中。千万元以上豪宅项目中单价最高的依然是上海汤臣一品，已经连续六年蝉联冠军，上半年虽然只成交一套，但由于是986平方米的复式豪宅，总价竟然达到2.29亿元，而单价更高达23.17万元/平方米，在全国豪宅中遥遥领先。

千万元以上豪宅成交相对稳定，价格变动也不大，但是仍在一定程度上受到了市场的影响。对于这个细分市场，既不需要悲观，但是也不能过度乐观，毕竟豪宅整体需求有限，在整个市场成交占比依然较小。按成交套数占比来看，上半年上海、北京、广州和深圳千万元以上豪宅成交分别占住宅总成交套数的3.4%、4.2%、1.1%和3.4%，按成交面积算，占比也只有8.3%、11.8%、3.4%和8.5%。随着2013年地王的大量开工，2014年下半年到2015年千万元以上豪宅的供应量将迅速放大，市场竞争可能会异常严峻。

总体来看，豪宅市场是存在的，但只存在于少数城市，而且数量有限，属于“非主流”产品；其次，2000万元基本是豪宅市场的分水岭，到5000万元以上更是凤毛麟角；第三，豪宅实际上是存量市场，并不是增量市场，不可能突然之间出现一个富豪能够买得起千万元总价的豪宅，这种情况非常少。

回顾点评

**豪宅小众，但关注者众多。**

**相关文章链接**

2014年1月8日住宅市场解读之（1）高端市场：整体容量有限，2000万元是分水岭
2014年3月7日还你一个豪宅市场的真正面目（上）
2014年3月10日还你一个豪宅市场的真正面目（中）
2014年3月12日还你一个豪宅市场的真正面目（下）
2014年7月9日保利海德公馆你来晚了！——评上半年一线城市豪宅市场

# 写字楼：中国楼市最大的一颗定时炸弹

日期 2014 年 9 月 10 日 阅读量 20158 转发量 1285

中国各线城市商业地产都经历了 2005—2008 年和 2010—2013 年两个高速发展阶段，而楼宇经济成为了地方政府最关注的一张牌。很多区域写字楼的比例远超半数，动辄几百万平方米，乃至近千万平方米写字楼的区域规划也见到过。就办公楼新开工体量增长情况来看，2013 年全国办公楼新开工总量达到 6887 万平方米，是 2008 年的 4 倍，相比之下，同期的住宅新开工量增幅仅为 74%。

即使在当下的北上广深，部分区域的写字楼也存在过量现象，比如深圳前海、上海虹桥商务区，都规划数百万平方米的写字楼，占区域总量的 90% 以上。大家今天都在谈产城融合、产城一体化，但如果居住、工作、消费不能在一个区域内实现，那还谈什么产城融合。而且这些区域写字楼大多数最终的命运是销售，即使对于一线城市，压力仍然很大。

而对二、三、四线城市来说，今天写字楼的压力主要来自于产业，由于缺少第三产业现代服务业的有力支撑，这些城市的写字楼基本都是政绩工程。我们做过二、三线城市甲级写字楼的租客调研，从调研结果可以发现，在有限的租客中，一类是外资企业，一类是央企国企，还有一类就是地产开发商，这三类企业构成了这些城市甲级（准甲级）的主要客户，但这三类企业数量在各个二、三线城市中都是非常有限。不要说新区，这些城市中心区的写字楼也是供大于求。没有真正需求支撑的市场实际就是无源之水、无本之木。

回顾2011年以来的供求情况可以发现，写字楼确实是压力最大的产品，一线城市平均供求比为1.1，相对平衡，但深圳供求比达到了1.81，高于二线城市的平均水平；二线城市中，除了厦门的供求关系与一线城市相当之外，其他二线城市则是普遍供大于求；三线城市平均供求比更是达到了2.2的高位。而近年入市销售的写字楼产品，大多数集中在城市新区，开发和上市比较集中，供大于求矛盾愈发显著。

为了去化这些写字楼，开发商可谓是绞尽脑汁，但结果却是收效甚微。比如产品调整，有的改成SOHO，有的改成服务式公寓或酒店式公寓住宅，甚至还有在改养老住宅的，但你改、我改、他也改，大家今天都在改，产品上又形成了同质化；又比如在价格上做文章，你按周边住宅价格打九折，我就打八折，他再准备打七折，结果销售型写字楼也就陷入了价格战的泥潭，大家一起套牢。

写字楼核心问题不是产品和营销，而是规划。但如果地方政府不改变政绩至上，不尊重市场规律，不调整当前规划，写字楼这颗定时炸弹的爆炸只是时间问题。

回顾点评

**写字楼是我特别不看好的产品。**

# 旅游地产卖不掉的秘密



我想把旅游地产和休闲度假地产做一个区分，用最直观的话讲，旅游地产是坐着飞机去的，度假地产是开车去的，前者客群来自全国各地，而后者客群则来自项目周边大约 1 小时车程内的城市。在做这样的划分之后，我们便可以发现，近年行业内耳熟能详的所谓热销“旅游地产”案例，如碧桂园十里银滩、碧桂园十里金滩、世茂御龙海湾、恒大海上威尼斯等，其实都是依托于周边核心城市需求的休闲度假地产，而对于真正意义上需要客户坐飞机去购买的旅游地产，成功的案例其实极少，能够在行业内叫得上名字的恐怕只有海南的部分楼盘。

至于海南之外的旅游地产市场则惨淡一片。一方面，我们看到近几年全国各地，北至长白山、南至云南西双版纳，不断涌现新的旅游地产聚集地；但另一方面，结果却不尽如人意，失败案例比比皆是。

对于企业来说，我是不建议过多地把宝压在旅游地产上的。对于旅游地产，我的看法可以总结为“三个一”：

“一分钱也没涨”。当前房地产业正处于调整期，旅游房地产更无法幸免。从旅游地产的龙头区域海南 2014 年上半年的数据就可看出。不仅仅是量的回落，连海南旅游地产项目中的标杆雅居乐清水湾，也出现了尾盘对折的火爆促销场面。

“一生只去一次”。中国旅游地产市场缺少真正的需求。扒去了投资“外衣”之后，真实的度假需求基本可以算没有。中国人的旅游度假观念属于“到此一游”。如果没有欧美国家居民这种对某一个度假地长期的持续的休闲度假需求的话，在旅游地购买物业实际上是最大的浪费。这就从源头上抑制了中国旅游地产的需求。

“一百年卖不完”。旅游地产往往规模巨大，动辄成百上千万平米，一个区域一个板块往往多个大盘并举。比如某知名项目每月能卖1亿多元的货量，这应该算是非常不错的成绩，但一看他总货值吓死人，六七百亿元呢，卖到最后一期估计70年土地也该到期了。这些旅游地产要去化，真的要一百年了。

所以，我认为中国当前旅游地产的土壤尚未形成，那些希望将旅游地产作为重点发展方向的房企需要三思！

回顾点评

**旅游地产，是我最不好看的产品之一，“三个一”就是不看好的核心原因。**

**相关文章链接**

2014年1月11日住宅市场解读（3）旅游地产花开遍地，果实寥寥

# 海外地产的“四要四不要”



2013 年以来，不时传来海外某项目大卖的捷报，碧桂园马来西亚大卖，绿地悉尼顶级物业一抢而空，这些好消息引得更多的开发企业对海外市场充满憧憬，一波波出海看地。但我还是认为海外地产让人欢喜让人忧，我总结了“四要四不要”，供有兴趣出海的企业参考。

1. 要去发达国家和地区，不要去旅游目的地。国内客户海外置业首先目的是移民，接着是留学，然后是投资，三者要兼顾。作为中国有钱人移民首选地的国家，例如美国、澳洲、英国、新加坡等，房企进驻，肯定没错。但如果进入一个没有移民需求，且无良好院校的旅游目的地，那么投资的空间也就不存在了。

2. 要选择相对成熟的区域，不要去未开发的处女地。国外和我们这里不一样，我们到处都是基础设施建设，城市面貌“一年一个样，三年大变样”。但海外城市化在 30 年前甚至 50 年前就结束了。一旦在相对冷门的区域开发，就别指望城市配套能够在未来几年跟得上。冷门区域永远冷门。

3. 要明确国人是主要客户群体，不要过分寄希望于当地本土客户。国内开发企业的项目主要客户群体还是国人，如果片面追求国外客户市场份额，实际上是不现实的。因此在运作海外项目的时候，要把国人的需求和习惯作为主要标准。这是国内开发企业的优势，大可好好利用，无需回避。

**大型国内开发企业重点海外项目列表**

| 时　间 | 房　企 | 投资地 | 项目类别 | 项　目　描　述 |
|---|---|---|---|---|
| 2011 年 2 月 | 碧桂园 | 马来西亚 | 别墅 | 马来西亚吉隆坡周边士毛月项目 |
| 2012 年 5 月 | 碧桂园 | 马来西亚 | 别墅 | 马来西亚雪兰莪州双文丹项目 |
| 2012 年 12 月 | 碧桂园 | 马来西亚 | 商住综合 | 马来西亚柔佛州新山金海湾项目 |
| 2012 年初 | 中海地产 | 英国 | 写字楼 | 中海外耗资约 2 亿英镑在伦敦收购写字楼 |
| 2012 年 3 月 | 绿地集团 | 澳大利亚 | 公寓、商业 | “悉尼·绿地中心”项目 |
| 2012 年 6 月 | 万达、泛海 | 俄罗斯 | 综合 | 万达、泛海和俄罗斯北高加索度假村公司签署了一份总投资 25—30 亿美金的意向协议书 |
| 2012 年 12 月 | 万达集团 | 印度 | 综合 | 开发印度信实集团旗下拥有的两处房地产项目 |
| 2013 年 2 月 | 万科集团 | 美国 | 住宅 | 美国旧金山富升街 201 地块豪华住宅公寓项目 |
| 2013 年 4 月 | 万科集团 | 新加坡 | 住宅 | 新加坡丹那美拉的一个公寓项目 |
| 2013 年 5 月 | 绿地集团 | 德国 | 酒店 | 集团旗下高端商务酒店品牌“铂骊”在德国法兰克福正式挂牌营业 |
| 2013 年 8 月 | 万达集团 | 英国 | 酒店 | 伦敦万达酒店 |
| 2013 年 8 月 | 绿地集团 | 泰国 | 综合 | 泰国曼谷、芭提雅投建一揽子房地产开发项目 |
| 2013 年 10 月 | 绿地集团 | 美国 | 商业 | 布鲁克林大西洋广场 |
| 2013 年 10 月 | 复兴国际 | 美国 | 商业 | 曼哈顿摩根大通第一大楼 |
| 2013 年 11 月 | 富力地产 | 马来西亚 | 商住 | 116 英亩商住地块 |
| 2014 年 1 月 | 绿地集团 | 英国 | 住宅 | RAM 啤酒厂住宅项目、金丝雀码头金融区超高层公寓 |
| 2014 年 2 月 | 绿地集团 | 马来西亚 | 住宅 | 新山市两个项目 |
| 2014 年 2 月 | 万科集团 | 美国 | 商住 | 纽约曼哈顿列克星敦大道 610 号（610 Lexington-Avenue）项目 |
| 2014 年 2 月 | 碧桂园 | 澳大利亚 | 住宅 | 悉尼西北部的一处开发用地 |
| 2014 年 3 月 | 绿地集团 | 加拿大 | 商住 | 投资加拿大多伦多市中心核心区域项目 |
| 2014 年 4 月 | 绿地集团 | 韩国 | 旅游地产 | 韩国济州岛健康旅游城住宅项目启动首批产品交付 |
| 2014 年 6 月 | 万达集团 | 西班牙 | 商业 | 收购西班牙大厦 |
| 2014 年 6 月 | 绿地集团 | 美国 | 商住 | 绿地从森林城手中收购布鲁克林区的新巴克莱中心附近一个规模庞大的、将容纳 6400 个单元的房地产项目的 70% 权益 |
| 2014 年 7 月 | 万达集团 | 美国 | 酒店 | 建设一座高 350 米、地上 89 层的五星级酒店及公寓项目 |
| 2014 年 7 月 | 绿地集团 | 澳大利亚 | 住宅 | 澳大利亚昆士兰州布里斯班皇后码头项目 |
| 2014 年 8 月 | 万达集团 | 美国 | 综合 | 中标洛杉矶比佛利山项目地块，将投 12 亿美元建高端综合性地标项目 |
| 2014 年 8 月 | 万达集团 | 澳大利亚 | 酒店 | 并购澳大利亚黄金海岸珠宝三塔项目，拟建星级酒店 |

4. 要把海外市场作为学习平台和主业补充，不要将主营业务和利润贡献都寄托在海外市场。海外房地产业比较成熟，特别是金融与房地产的结合及专业分工都值得国内开发商学习，这些经验会帮助房企再上一个台阶。同时，房企也不要寄予海外项目太大的盈利期望。国外房地产本身市场成熟，这也意味着利润率稳定，成本相对较高，税收完善，法制严格，房企打擦边球赚取高额利润几乎没有可能。而且，国外市场早已过了遍地是黄金的时代，哪有可能当地企业有钱不赚。

回顾点评

**就这篇文章来说，我认为也算得上是对海外地产的“真知灼见”了。**

# 除了住宅，剩下都是产业地产

日期 2014 年 10 月 21 日 阅读量 6804 转发量 236

关于产业地产，我将以上海为例，与大家交流三方面的观点。

首先，上海的产业地产发展空间巨大。当前，上海产业用地达到 1000 平方公里，要占整个上海土地面积的 1/6，由于未来上海在增量土地上已经把门关死，那这 1000 平方公里的产业用地就是上海最大的土地资源。

其次，目前产业地产发展存在诸多问题。由于上海的特殊性，传统的产业园区盈利模式已经没有办法继续，一方面靠土地一级开发产生的土地增值收益，另一方面靠招商以后企业产税收上缴后的财政补贴，这两种方式都难以为继。另外，上海政策不明确也是产业地产发展的瓶颈之一。虽然提出的政策概念非常好，但是规划严重滞后，落地难度大。

第三，产业地产怎么做。

1. 规划性质进行调整，除了住宅，都是产业。我觉得除了住宅是一类之外，那么其他都属于产业，商业算消费产业，办公更是大多数产业最主要的载体。一切都归于产业反而好做。

2. 进行市场化运作，尊重市场规律。做产业地产，不能只站在政府管理的角度去考虑，需要兼顾各方面不同主体的需求，共同来做，才能共同把这个事情做好。让更多专业的企业加入，包括开发的和运营的。

3. 不要让规划成为操作瓶颈。目前产业地产运作发展中，政策是核心，规划是瓶颈。而上海的规土部门，特别强势，貌似讲原则，实际很教条，是典型的不尊重市场规律的一种政府管理方式。还是应该让市场化运作起到决定性作用。

4. 金融工具与产业地产应尽快结合。要尽快开发出产业地产证券化或 REITS 类的金融产品，来支撑整个产业地产未来运营，特别是支持非销售型产业地产的长期运营。如没有这些金融支持，产业地产运作模式也只能是选择开发—销售模式。

除了住宅地产，剩下的都是产业地产，前景异常广阔。

回顾点评

**产业地产当前问题多多，未来空间巨大。**

Part 04

营销

# 降价还是坚守？以变应变才是正道

日期 2014 年 5 月 21 日 阅读量 7653 转发量 484

2014 年 5 月下旬，我正好在大连出差，耳闻当地市场也和杭州一样，降价不断，于是与我们大连机构同事核对梳理后，整理了以下几个典型案例供大家参考。

从我了解到的当前房地产市场降价情况来看，呈现以下几个特征：1. 大公司率先降价；2. 近两年发展较快的、拓展比较猛的中大型房企也加入降价行列；3. 地方性的中小规模房企大多数以观望、等待为主；4. 从楼盘来说，大多都是新开盘或者新推不同产品调低定价；5. 从区域看，供求关系严重失衡、整体市场压力较大、竞争激烈的城市都加入降价大军；6. 从效果来看，目前降价

**2014 年 4 月大连典型降价项目**

| 时　间 | 项目名称 | 原　　价 | 新　　价 | 降幅 | 效　　果 |
|---|---|---|---|---|---|
| 4 月中旬 | 世茂寰海城 | 8000 元 / 平方米（洋房），周边类似项目 6000—7000 千元 / 平方米 | 4000—5000 元 / 平方米（公寓） | 7 折 | 推 600 套，在开盘后一周销售 400 多套 |
| 4 月下旬 | 万科朗润园 | 1.2 万元 / 平方米 | 7000—8000 元 / 平方米 | 7 折 | 较之前成交翻倍，相比周边很不错 |
| 4 月底 | 远洋钻石湾 | 1.6 万元 / 平方米 | 1.2 万元 / 平方米 | 7.5 折 | 不理想，大户型，板块都在降，产品同质化 |
| 4 月中旬 | 远洋假日养生庄园 | — | 2 万元抵 10 万元，再打折 | 5 折，部分 6—7 折 | 较前期成交翻倍，1 个月成交 300 套左右 |
| 4 月中旬 | 中铁琥珀湾 | — | 4000—5000 元 / 平方米 | 6 折 | 不理想，都在降价，价格优势不足且配套不好 |

效果很好的多数是刚需项目以及中心城区的中高端项目，而降价没有效果主要是远郊高端定位项目。

不过，并不是所有降价的项目都有好的效果。我对之前被热议的 12 个降价城市的 53 个典型项目在降价之后的销售效果进行了一番详尽分析，结果显示：三成的楼盘效果非常显著，一成的楼盘有效果但不明显，约 60% 的楼盘没有收到预期效果，陷入了降价也卖不掉的怪圈。

对这六成的降价没有效果的项目本身进行审视后，可将其分为四大类：定位有问题、降晚了、供求失衡而价格没到位、完全没有市场。

到底该如何降价，才能收到预期的良好效果，我觉得也有四个方面：

1. 目前市场还比较平稳的城市，项目率先降价效果最好。在这种价格相对坚挺的城市或区域中，客户数量不少，只是在观望而已，一旦降价，很容易刺激真正自用需求释放。

2. 降价一步到位。“没有卖不掉的房子，只有卖不掉的价格”，一旦真的价格到位了，需求也就很快释放。

3. 降价之后对销售没把握的，还不如稳住等一等。降价是最后一个手段，降了都卖不掉，真算是黔驴技穷了。

4. 一些在售楼盘不适合直接降价。特别是一些去化过半或者三分之一左右的项目，直接降价效果好坏尚不得而知，却换来的是退房、闹事等。这些项目适合采用暗折或者特价房的形式，效果可能会更好一些。

回顾点评

**2014 年营销关键词实际就是“降价”，其他方式都是辅助。**

**相关文章链接**

2014 年 5 月 22 日为何降价也卖不掉？再说如何降价

# 那些逆市飘红项目揭秘



2014 年年中，房地产市场充斥着各种坏消息，“某周成交创造历史新低”、“某某楼盘滞销”、“开发商销售指标无法完成”、“国际评级机构穆迪调低中国房企评级”等在各大媒体网络疯传。即使如此，我们还是看到了不少逆市飘红的项目。这些热销项目，给了我们“市场未死，需求仍在”的信心。

手段一：新盘或新推案价格直接回归市场。这种方式适用范围较广，不管在何种市场，刚需和改善产品均适用。“没有卖不掉的房子，只有卖不掉的价格”是房地产营销中颠扑不破的真理。当前大开发商在新盘或新推案定价时会出现价格回归市场的情况，也的确取得了比较积极的效果，例如万科、中海、恒大等。

手段二：在售盘价格直降。这种方式主要适用于供求压力比较大的市场，且在尾盘项目上使用情况较佳。由于是在售楼盘，开发商在运用上还是比较谨慎的。一方面，房企怕影响之前的购房群体，出现不利因素例如砸售楼处闹事；另一方面，也怕价格未降到位，客群在“买涨不买跌”心态下，反而引起观望。

手段三：久违的零首付购房。这种方式对于刚需产品特别有用，大开发商使用则效果更佳。一方面 2013 年房价上升速度过快，另一方面银行信贷不给力，导致刚需购买力下降。要解决这方面的问题，房企除了通过价格因素，还要解决刚需群体的首付问题。所以，零首付对于中低端的刚需项目效果更好，尤其是大开发商采用此方法，更易获得客户信赖。

手段四：购房“保值计划”。这种方式对于大开发商的效果也比较好，而中小房企的“保值计划”则颇受质疑。“保值计划”最早可追溯到2008年，金融危机传导至房地产行业，带来市场萧条，由此也促使房企创新营销，提出“保值”口号。如今，市场“保值计划”再现。所谓的“保值计划”，是房企给予购房者的书面承诺，若约定期限房价下降，房企以可回购的方式向购房者保证房有所值。目前，旭辉、世茂等大企业也在多城市推广“保值计划”。

2014年的市场并不是一套房也卖不掉的“绝对零度”，各种营销手段综合使用还是能够推动项目销售的。比如，目前必不可少的网络营销和渠道营销。另外，各种噱头也层出不穷。例如万科在成都提出“夜售模式”和免费“试住”活动，华润在长沙双盘联动推出“全民营销”。总体来看，营销重回2008年、2011年，营销的价值又一次得到彰显。

市场就是如此，“更多时候我们不一定需要期盼市场反转，只需要比竞争对手跑得更快就行了！”

回顾点评

**本文主要强调的是价格和零首付。其中，降价成为2014年二、三季度房企“以价换量”最核心的方式，而零首付及后面延伸出来的金融支持，也成为2014年对销售最大的支持。**

**相关文章链接**

2014年6月3日小长假那些热销盘

# 窗口有限，营销争量



“9·30”是今年市场的重要分水岭。“9·30”之前市场压力巨大，地方政府“救市”，放松限购，效果不佳。房企基本上还是靠自身“以价换量”，即使在均价下降的背景下，一半的 50 强房企第三季度销售业绩还是出现了下滑。而“9·30”之后，银行放松限贷，销售一片红火，黄金周期间很多企业创造了单周销售纪录，如果全年都是黄金周销售额水平的话，万科、恒大、碧桂园、绿地和保利年销售额将达到 3500—4000 亿元。

但千万不要认为“9·30”之后就可以长期维稳甚至回暖，这只是一个销售窗口期而已，而不是转折点。而且我判断这个窗口期仅有 2—4 个月的时间，其中 10—11 月份肯定不错，12 月和明年 1 月则很难说。最重要的原因是，目前银行资金有限，到年底银根将收紧。特别是在 10 月和 11 月房贷额增加，而 MBS 和长债还来不及发售，所以年末银根仍将短缺，这是此次窗口期最大的制约。

在有限的时间内，房企去化是重点，关键靠营销。目前营销举措可谓是八仙过海各显神通，总结一下无外乎四个方面：

1. 价格：价格还是最根本最重要的方式。“直接降价”今天还是有很多企业选用，直接打折最爽气，也是最有效的。“间接降价”主要有存抵扣、特价房、免息贷款、送契税物业费等方式。这些方式一方面吸引眼球，另外进退比较自如。但是，也希望不要仅仅成为噱头。

2. 渠道：线上线下的渠道具有相同的重要性。无论线上电商还是线下一、二手联动、全民营销等都很重要。

3. 产品：当前市场，产品对销售仍然重要。在购房趋于理性后，购房者对产品自身的重视程度更高，对中高端物业来说自身的硬软件是决定购房的核心驱动，而对于刚需产品，销售体验方面，如售楼处、样板段、示范区给客户带来的震撼更重要。

4. 金融：对首付的金融支持今天也是营销中必不可少的支持。其中易居旗下的房金所（fangjs.com）为购房者提供了如房险贷、房保贷、房抵贷、房惠贷、房金贷等各类产品，一方面降低购房门槛，提高客户购买力，另一方面也能加快了开发企业的销售回款。

希望开发企业抓住四季度的窗口期，做好营销，快速去化。

**相关文章链接**

2014 年 9 月 17 日靠救市不如靠自己
2014 年 9 月 29 日“9・27”全国楼市开盘日！胜利日！
2014 年 10 月 9 日楼市四季度：谁的窗口期？

TALKS **大家说**

# 卖房子的奇异招数

来说说看，哪家开发商卖房子的招数最变态？卖房子的、写稿子的，没睡的出来玩儿。

**丁祖昱** **爱野，第一个点赞的开发商是谁？**

龙湖的、融创的朋友都在10秒之内点了赞，真的手快啊。然后还有几个体力不错的男记者也出来点赞了，看起来，他们都没有男朋友，也没有女朋友。 **爱野**

**丁祖昱** **龙湖在5月份的重庆市场，世茂在6月份的南京市场，单月的网签都过了16亿元。绿城在8月份的网签数据，创造了2014年单个城市单月网签的最高记录，2014年开发商都特别拼，都在深拓市场。**

杭州有个茶叶市场，里面的温州人、台州人特别多，但是不让销售员进，融创就去搞了联邦快递的衣服进去拓客，之江壹号卖了不少啊。 **爱野**

**舅舅** **我来接力讲融创，他们最狠了，扛大米进村，敲开村里最有话语权带头大哥的家门，强行送大米，大米送完了开始送油，大哥带来很多朋友来买房。**

我们换别的公司讲好么？融创的讲了，其他公司营销总该去哭了。你们讲别的，讲得好我送耳机。 **丁祖昱**

**爱野** **小伙子陪广场舞大妈蹦跶一个小时不知道有没有用？真替这些大妈高兴，还有小伙子惦记着。**

至少是和客户良好的沟通方式。广场舞7时开始，销售人员6时就就位了，发发小扇子，打开易拉宝摆摊，跟大妈可以有一个小时交流感情。 **丁祖昱**

**黄章林** **男神是亲自去练摊了。**

今天早上看到保利推出了9月19日前每减肥一公斤，买房就能便宜一万元。 **rainbow不是记者**

**rainbow不是记者** **真的，叫“N公斤抵N万元，不服来战”方案，叫“房款肉偿”计划。**

正气美女 南京荣盛搞立定跳远，跳越多优惠越多，最多有 10 万元。还有南京房企营销名字很好玩，中海海啸行动，保利飓风行动，莱蒙八级强震、闪电战，富力火山爆发，新城极光行动，好一出灾难片。

上海远郊盘拿着红包请“蛇头”，平均每个月 1000 元请拉客能人，每个月必须带四五组人进场，达标后继续发下月“工资”，善用民间资源啊。 丁祖昱

Miss 晓庆 星河湾办高大上论坛，请高净值人群参会，会议的重要环节就是参观样板房。

等一下，我跟你们说，融创有多狠，跟人打架打到医院去了，然后在病房里拓客，拓得不过瘾，还跑到医院的地下车库去把所有的车插广告发完了才心不甘情不愿走了。 舅舅

敏敏、澎湃的少女、二叔 不是说了融创不许参加评选吗？他们，真的太拼了。

我承认，我的世界观被刷了一遍。 丁祖昱

丁祖昱 好了，感谢各位，虾有虾道，蟹有蟹道，这年头能卖套房子实属不易，大家都蛮拼的，开发商各出奇招，至于有没有用，还是得看个人手段了。不过，还是喜欢看开发商打鸡血一样去拼，也希望给不拼的开发商一些启发，卖得好与不好之间，也许差的就是这么点拼劲儿。

Part 05

宏观

# 空置房问题比想象中大



6 月初以来，西南财经大学一份关于城镇住房空置率的报告到处流传，报告中提到的“2013 年城镇住房空置率 22.4%”也被众多媒体引用。我拿到了报告的 PPT 全文，认真阅读之后，有这样几点体会和大家分享。

第一，22.4% 的空置率比想象中高。虽说这份报告调研范围包含一、二、三线城市，住房类别囊括商品房、经济适用房、拆迁换房、房改房、单位集资房等，但平均 22.4% 的数值仍然比想象中高得多，中国的房屋空置问题应该是非常严重的。

第二，商品房空置率高达 26.3%，排在第一。其中二、三线城市的商品房空置率明显高于一线城市，都达到了 27.6%，这也说明二、三线城市的市场需求相对有限，供求关系相对较差。从某种程度上来讲，今天二、三线城市市场供求很让大家担心。

第三，经济适用房的空置率竟然也高达 23.3%。从理论上来讲，保障房就是为了解决中低收入群体最基本的居住问题，结果却有近四分之一无人居住，这就说明保障房完全没有达到保障的整体效果。而且更可怕的是，高收入家庭拥有经济适用房的比例很高。

第四，空置住房占据了 4.2 万亿元（41.9%）的住房贷款余额。从这些房屋的空置情况，我们可以判断其业主目的只是投资，即有 4.2 万亿元房贷资金用于投资，在当前信贷资金如此紧张的情形下，空置房很大程度上影响了贷款资金的使用效率。

第五，由于当前市场形势的变化，尤其是二、三线城市供求关系的逆转，房价的波动将导致未来空置房的风险。虽然引发比较大金融系统风险的可能性不大，但是还是可能对部分二、三线城市市场产生比较大冲击。

回顾点评

**政府也来做一下空置房研究，那有多好。**

# 保障房问题三大质疑

日期 2014 年 6 月 23 日 /2014 年 6 月 24 日 /2014 年 6 月 25 日 阅读量 5094 转发量 213

我国保障性住房的发展远远落后于商品住房。为此，克而瑞对全国 21 个重点城市保障房在建设、供应、分配等各环节都采取“起底式”摸排调查，以时间轴分类，对入住前和入住后的保障房项目均进行实地走访，以了解具体存在的现实问题。

## 一、保障房相关信息统计完全滞后

保障房开工建设在提速、达成率在提升，体系也趋于完善。然而，保障住房强调开工，忽视竣工，实际交付量没有公开透明。这导致保障房的建设工期普遍比开发企业开发的商品房漫长许多，在建成之后能够及时进入分配环节乃至最终交付的房源有效供应仍然有限，导致诸多保障房源长期空置。

对申请家庭和社会监督来说，目前公开的仅有年度计划、完成情况等模糊信息，具体信息均没有对外披露。

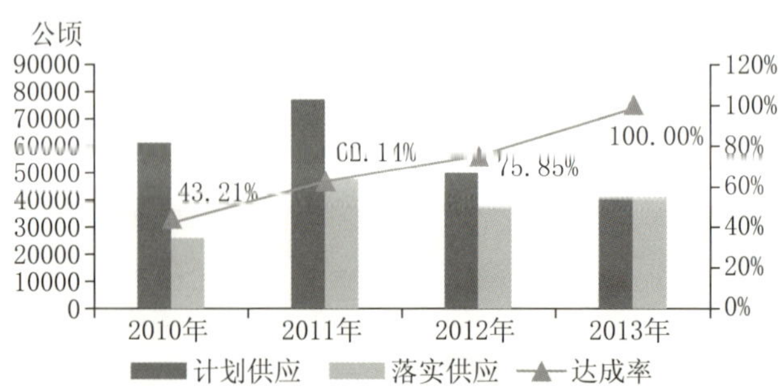


图：2010 年—2013 年全国保障性安居工程供地落实达成情况

数据来源：国土资源部。

## 二、保障房分配交付“房等人”胜过“人等房”

需求预测不准确，准入门槛过高。政府对需求总量与结构掌握不足，而准入门槛过高直接导致实际供应大于审核通过的家庭数。其中最关键还是户籍限制问题，目前几乎所有保障房针对对象都要求拥有户籍，但在一线城市全面采用居住证管理外来常住人口后，对这部分外来人口的保障完全缺失。

产品设计方面，在缺乏前期需求调研下，现有产品户型等软硬件考虑欠缺。通过对调研的总结，发现 21 个城市销售型保障房问题集中反映在产品设计上，主流的户型配比、面积区间、是否装修、装修标准等等，均是需要考虑的实际问题。

保障房地段偏远或配套匮乏，被保障家庭使用困难而申请积极性不高。调研发现，保障房选址多在偏远地段，交通极为不便，生活配套比如菜场、超市等不够完善，使居住生活存在一定困难。

## 三、保障房的空置、转租、转售等运营管理是最大的问题

克而瑞通过对 109 个租赁型保障房项目的调研发现，在 52 个建成未入住的项目中，有六成项目空置率都达到 20% 以上。57 个建成后入住两年以上的项目中，36% 的项目空置率达到 20% 以上。通过对 21 个城市的 122 个销售型保障房项目（经适房和两限房）调研，其中 67 个已经入住两年以上的项目，约两成项目无人使用比例在 50% 以上。

高空置率直接导致了这些保障房项目集中出现转租、转售情况。违规的转租、转售由于小区地段偏远监管混乱，并未被发现查处，很多转售的操作多是先签署买卖合同后即钱货两清，待年限届满后再补交易登记备案，对买卖双方来说都有风险，但中介仍然热衷安排。

三分建七分管，商品房适用，保障房更适用，特别是保障房还有特定的使用

对象，如果任其今天的局面发展下去，保障房运营管理将成为未来阻碍保障房正常发展的最大障碍。

回顾点评

**保障房三大问题都体现在管理方面，保障房不能重建轻管，否则未来矛盾巨大。**

Part 06

土地

# 土地的疯狂



2014 年 1 月份，内地重点城市的土地市场，无论是量还是价都创造了历史新高。首月，北京土地市场吸金 405.92 亿元，上海出让超过 200 亿元。杭州共推出 43 宗地块，出让金额 340 亿元。从单价上看，北上广深 4 个城市的成交均价过万元，为 10136 元/平方米，环比上涨 125.1%，同比上涨 253.1%，价格创历史单月新高。另外，1 月份全国的单价和总价地王，已经能排在 2013 年全年单价和总价榜单的第五位和第二位。

春节前，楼市冷寂，土地火爆；而春节刚过，就得到了各地纷纷加快土地供应的消息：北京 2 月将有 16 宗土地出让；杭州 2 月将推 28 宗地，面积近 1500 亩；广州计划推出 72 幅商品住宅用地。也许 1 月份火爆的土地市场给各地政府打了一支强心针，这么多的土地将陆续推出上市。初步计算，仅 2 月份，这些重点城市的土地成交额将接近千亿元，看来政府真的想大赚一笔。

分析下当前的土地市场，我认为，诸多情况值得深思。第一，从历年情况来看，一季度都不是供地的高峰，但 2014 年多个城市不约而同地都选择了一季度作为土地集中上市的时机，这可能和政府的财政情况有密切的关系。这届政府调结构的压力非常巨大，而调结构必须付出巨大的代价，GDP 增速的逐步下降已成定局。GDP 增速的下降必然带来财政税收的减少，而在这个时候，房地产是对经济增长的巨大支撑。其中，对政府来说，土地是直接影响财政收入的核心要素，这可能就是各地集中批地的最重要的原因。

第二，当前正是土地市场最疯狂的时候，随着 2012 年下半年开始房价的逐步上升，地价也以更迅猛的增速快速上涨。1 月，一线城市地价同比上涨 253.1%。这么看来，房价的增幅与地价比，真是小巫见大巫了。在地价达到历史高点的情况下，各地政府没有理由不在历史高点进行抛售，以回笼更多的资金。而且，从历史经验来看，地价出现高点之后，市场往往会有一段时间的调整。应该说，对政府而言，当前是土地出让的最佳时机。

第三，土地市场的疯狂还能持续多久？开发企业买地不是为了捐钱给政府，而是为了造完房卖掉赚钱。当之前高价拿地的那些企业的项目上市之后，如果赚不到钱或者出现地价上调导致的房价上升而产生滞销，地价也一定会走到一个十字路口的。从目前情况来看，二季度即是考验地价的重要时期，地价的拐点很有可能在春夏之交出现。

当然，从政府的角度来讲，还是要抓紧卖地，特别是对一线城市而言，能多卖一块是一块，能卖高一块是一块。开发企业手上有钱，2013 年的销售款和 2014 年初的融资款，都将迅速投入到 2014 年的土地市场。所以，马年刚到，马上有钱的还是政府。

回顾点评

**2014 年初，市场已经出现一些问题，但大家还没有对市场的压力形成共识。而本文中写到的几点如“二季度是考验地价的重要时期”、“对政府而言，当前（2 月份）是土地出让的最佳时机”、“能多卖一块是一块，能卖高一块是一块”等等，这些判断还是非常准确的。事实上，过了 2 月份之后，土地市场迅速进入到调整期。**

**相关文章链接**

2014 年 4 月 22 日细思恐极，中国式土地依赖症
2014 年 9 月 19 日土地市场冰火两重天

# 地王复出荣光不再，土地市场已现颓势

## ——评北京2014年下半年首场土地拍卖



2014 年 7 月 14 日，北京首场土地拍卖会举行，两幅地块均以低溢价率成交，未能达到合理土地上限价格，土地市场之冷清可见一斑。其中颇受关注的顺义新城第 21 街区 21-18-001a、21-18-001c 地块，被鲁能以 29.3 亿元总价竞得，楼板价 29264 元 / 平方米，溢价率仅 13.6%，扣除无偿配建养老院的面积，平均楼板价约 36491 元 / 平方米。该地块只有融创、鲁能、天恒、懋源有 4 家企业参与了竞买，其中天恒甚至未出价，而原先的“地王大户”融创这次也退缩了，最终花落鲁能。

说到顺义新城第 21 街区 21-18-001a、21-18-001c 地块，其实早已闻名，它是原“大龙地王”的一部分。2009 年 11 月 20 日，大龙地产经过 190 轮竞价后以 50.5 亿元夺得顺义区后沙峪镇天竺开发区 22 号地地王项目，楼板价 29859 元 / 平方米，溢价率高达 258%，扣除 3500 平方米的幼儿园以及市政公用设施用地，楼板价则高达 30490 元 / 平方米。但因大龙地产付不出土地款，最终于 2010 年 2 月份退地。2013 年 9 月 23 日，大龙地王的一部分顺义新城第 21 街区 21-18-001a、21-18-001c 地块重新拿出来挂牌出让，建筑面积不到 10.1 万平方米，起始价 21.5 亿元，楼面价超过 2.1 万元 / 平方米，但最终国土局表示“因故暂停”出让。

此次可以说是该地块的第三次登上拍卖台，原本被寄予厚望，但可惜“生不逢时”。试想一下，如果这块地在 2013 年下半年能够正常拍卖的话，我想达到土地上限价格后竞拍保障房应该是没有问题的，最终楼板价超过 5 万元 / 平方米也大有可能，像 2013 年下半年中粮获得的孙河乡西甸村 HIJ 地块，扣除保障房等面积，楼板价高达 51885 元 / 平方米。但时隔大半年，市场行情急转而下，该地块最终冷淡成交。联想到上周上海刚刚创造的全国单价地王纪录，北京这块地没能高溢价成交，是否也预示着北京土地市场颓势难挡？

此外值得注意的是，14 日北京出让的两块地都没能触及地价上限，没有增加保障房的配建部分。原先提出竞建保障房，一方面是北京政府为了控制地价，另一方面也是一种增加保障房建设的重要方式。但是现在土地市场出现颓势，土地价格不能触及地价上限，那这种增加保障房建设的方式是否也将成为历史，我们也拭目以待。

回顾点评

**从当时情况来看，正好是土地市场的最低谷。2014 年下半年首拍流标。**

**相关文章链接**

2014 年 8 月 22 日 2014 年京沪地王大比拼

# 意料之外的“地王年”



2014 年底，土地市场与住宅市场一样也呈现回暖的形势，政府积极供地，在各项利好政策以及企业补仓需求的推动下，企业拿地也很踊跃，各地总价地王、单价地王也是陆续浮现，意料之外地成就了一个新的地王年。纵观 2014 年土地市场整体走势，可谓跌宕起伏，呈现先扬后抑再扬的态势，这一点从 2014 年的地王现象也可见一斑。

首先，从地王出现的时间来看，呈现首尾两头翘的格局。2014 年初市场延续之前火热的态势，房企拿地劲头也十足，深圳前海 134 亿双料地王、上海闸北大宁路双料地王等等，一石激起千层浪，赚足了眼球。但没想到的是，3 月底自杭州爆发降价潮，整体市场进入调整期，土地市场也随之降温。房企拿地也愈发谨慎，底价成交、甚至流拍现象也开始频频出现，其中不乏“准地王”流拍，如北京孙河的两幅地块。但是就在大家以为 2014 年就这样不咸不淡地过了的时候，“9・30”房贷新政、降息等一系列利好政策的发布，为楼市注入了一剂强心针，企业销售情况也逐渐转好，对未来市场的预期开始出现转变，拿地意愿也自然增加。加上政府年底推出不少优质地块，企业在一二线城市的补仓需求强烈，于是又引发了 2014 年新一轮的“地王潮”。11 月以来有 3 幅地块位列全国总价前十，6 幅地块位列单价前十地块榜单，就是最好的证明。

其次，从拿地王的企业来看，国企可以说是一马当先。从今年总价和单价前十的地王来看，国企在弱市下的优势明显，资金雄厚，拿地也更有底气。总价前十的地王有六幅是国企拿的，两幅是企业联合拿的，当中也不乏国企的影子，如中民投联合体拿下的董家渡全国总价地王。单价前十的地王中国企比例也不低，此外一些民营企业、外资企业出于对一线城市核心区域地块的看好以及补仓需求，也比较积极进取，如阳光城以 4.1 万元 / 平方米拿下的上海杨浦区区域地王。

第三，从入榜门槛来看，总价门槛有所降低，但单价门槛上升。虽总价 TOP10 门槛较 2013 年有所回落，但单价及每亩地价的 TOP10 门槛均高于去年，将“涨易跌难”的土地市场现状反映得淋漓尽致。尽管第二、第三季度的土地市场表现低迷，但并没有影响优质地块的竞争热度，真所谓“地段！地段！还是地段！”其中“好地段”的上海董家渡地块以 248.5 亿元的总价刷新 2013 年上海徐家汇项目地块创下的 217.7 亿元的纪录，成为新的全国地王 NO.1。而从单价榜单来看，另一“绝版地块”北京西城区华嘉胡同地块 6.3 万元 / 平方米的楼板价虽仅位列第三，但是剔除配建后其高达 9.5 万元 / 平方米的楼板价绝对“冠压群芳”，而从每亩地价来看，也是华嘉胡同更贵，每亩 2.4 亿元的地价在国内“难逢敌手”。

最后，从城市角度来看，一线城市依然是地王集聚之地。一方面，一线城市的市场成熟度和土地稀缺性，注定了其土地价值的无可取代，和二三线城市的土地价格差距越拉越大。另一方面，在市场调整期，一线城市的市场更坚挺，相比较二线城市所受的冲击也相对较小。2014 年土地总价、楼板价、每亩地价三大 TOP10 榜单都难觅二线城市地块影踪，仅有的 1 幅上榜地块也几乎忝居末位——福州融信地块作为唯一上榜的二线城市总价地王，56.2 亿元的总价较 2013 年二线城市天津 103.20 亿元的最高总价要黯淡得多。同时，不同于 2013 年 3 幅百亿地块分列一二线城市的状况，2014 年超过百亿的 3 幅地块均位于一线城市，单价及每亩地价地王更是完全被一线城市垄断，二线城市土地市场远没有 2013 年的盛况，城市土地价格分化越来越明显。

**全国地王榜首和门槛比较**

| | 总价（亿元） | | | 单价（元 / 平方米） | | 每亩地价（亿元 / 亩） | |
|---|---|---|---|---|---|---|---|
| | NO.1 | TOP10 | 百亿以上地块（幅） | NO.1 | TOP10 | NO.1 | TOP10 |
| 2013 年 | 217.7 | 58.6 | 3 | 58570 | 34059 | 1.46 | 0.71 |
| 2014 年 | 248.5 | 54.0 | 3 | 66629 | 37742 | 2.41 | 0.75 |

注：统计范围为全国总价超过 2 亿元的经营性用地。

数据来源：CRIC。

**2014 年全国总价地王 TOP10**

| 拿地时间 | 城市 | 地块 | 拿地企业 | 总价（亿元） | 楼板价（元 / 平方米） | 溢价率（%） |
|---|---|---|---|---|---|---|
| 2014 年 11 月 18 日 | 上海 | 黄浦区小东门街道 616、735 街坊地块 | 中民投联合体 | 248.5 | 35392 | 0 |
| 2014 年 1 月 23 日 | 深圳 | 南山区 T201-0080 地块 | 兆华斯坦，前海国际能源 | 134.1 | 28113 | — |
| 2014 年 1 月 28 日 | 上海 | 闸北区大宁路街道 325 街坊地块 | 方兴地产 | 101.0 | 47609 | 112 |
| 2014 年 8 月 20 日 | 北京 | 西城区华嘉胡同 0110-633 地块 | 华融 | 74.6 | 63377 | 110 |
| 2014 年 11 月 24 日 | 广州 | 白云区华南快速路红云涂料化工厂地块 | 越秀地产 | 64.5 | 13528 | 0 |
| 2014 年 4 月 21 日 | 广州 | 天河区岐山路 183 号油制气厂地块 | 广州城实投资 | 61.5 | 10506 | 1 |
| 2014 年 11 月 2 日 | 北京 | 石景山区老古城综合改造项目 C 等地块 | 中海地产 | 59.0 | 17618 | 28 |
| 2014 年 8 月 21 日 | 北京 | 怀柔区雁栖镇柏崖厂村 HR02-0200-6001 等地块 | 北京控股 | 56.8 | 13475 | 0 |
| 2014 年 1 月 10 日 | 福州 | 台江区宗地 2013-41 号地块（“融信双杭城”地块） | 融信集团 | 56.2 | 6070 | 0 |
| 2014 年 4 月 9 日 | 深圳 | 大鹏 G16301-0701 地块 | 佳兆业 | 54.0 | 10465 | 59 |

数据来源：CRIC。

### 2014 年全国单价地王 TOP10

| 拿地时间 | 城市 | 地　　块 | 拿地企业 | 楼板价（元 / 平方米） | 总价（亿元） | 溢价率（%） |
|---|---|---|---|---|---|---|
| 2014 年 12 月 24 日 | 上海 | 前滩 36-01 地块 | 三湘 | 66629 | 18.6 | 114 |
| 2014 年 12 月 24 日 | 上海 | 前滩 32-01 地块 | 格力 | 65832 | 16.1 | 127 |
| 2014 年 8 月 20 日 | 北京 | 西城区华嘉胡同 0110-633 地块 | 华融 | 63377 | 74.6 | 110 |
| 2014 年 7 月 9 日 | 上海 | 卢湾区五里桥街道 104 街坊 39/1 宗地块 | 丽丰控股 | 59859 | 5.8 | 63 |
| 2014 年 12 月 24 日 | 上海 | 前滩 38-01 地块 | 格力 | 53905 | 14.5 | 93 |
| 2014 年 12 月 10 日 | 上海 | 静安区南西社区 111-09 地块 | 上海静安地铁投资 | 53575 | 10.0 | 0 |
| 2014 年 1 月 28 日 | 上海 | 闸北区大宁路街道 325 街坊地块 | 方兴地产 | 47609 | 101.0 | 112 |
| 2014 年 11 月 26 日 | 上海 | 杨浦区平凉社区 03F5-01(平凉街道 47 街坊)地块 | 阳光城 | 41078 | 21.1 | 61 |
| 2014 年 5 月 16 日 | 上海 | 杨浦区平凉街道 18 街坊地块 | 保利置业 | 39264 | 32.4 | 37 |
| 2014 年 12 月 4 日 | 北京 | 海淀区太平庄村 2 号地 | 金地联合体 | 37742 | 6.1 | 1 |

数据来源：CRIC。

### 2014 年全国每亩地价 TOP10

| 拿地时间 | 城市 | 地　　块 | 拿地企业 | 每亩地价（亿元） | 总价（亿元） | 溢价率（%） |
|---|---|---|---|---|---|---|
| 2014 年 8 月 20 日 | 北京 | 华嘉胡同地块 | 金融街 | 2.41 | 74.6 | 110 |
| 2014 年 1 月 23 日 | 深圳 | 南山区 T201-0080 地块 | 兆华斯坦 | 1.74 | 134.1 | — |
| 2014 年 5 月 15 日 | 深圳 | 宝安区 A002-0046 地块 | 深圳金利通 | 1.55 | 48.3 | 126 |
| 2014 年 3 月 12 日 | 深圳 | 宝安区 A004-0154 地块 | 卓越集团 | 0.97 | 33.2 | 89 |
| 2014 年 11 月 18 日 | 上海 | 黄浦区小东门街道 616、705 街坊地块 | 上海外滩投资 | 0.95 | 248.5 | 0 |
| 2014 年 12 月 24 日 | 上海 | 前滩 36-01 地块 | 三湘 | 0.89 | 18.6 | 114 |
| 2014 年 12 月 24 日 | 上海 | 前滩 32-01 地块 | 格力 | 0.88 | 16.1 | 127 |
| 2014 年 12 月 24 日 | 上海 | 前滩 38-01 地块 | 格力 | 0.83 | 14.5 | 93 |
| 2014 年 12 月 4 日 | 北京 | 海淀区太平庄村 2 号地 | 金地联合体 | 0.75 | 6.1 | 1 |
| 2014 年 1 月 26 日 | 深圳 | 南山区 T207-0049 地块 | 中信证券 | 0.75 | 35.5 | 0 |

数据来源：CRIC。

# 红酒

## 我为什么会喜欢红酒?

我喜欢上红酒，其实是很偶然的。2007 年易居中国上市，在路演的过程中我和同行的朋友一起到过很多海外的城市，比如新加坡、伦敦、纽约、旧金山、洛杉矶、芝加哥等等，一路上吃西餐时品尝到各种各样的红酒，突然发现好的红酒与国产红酒以及海外低端餐酒的味道完全不一样，中间的差异很大。此后，我便有意地去关注红酒，并选了一些相对更好的红酒作为收藏，后来逐渐演变成一种爱好。

我喜欢上红酒，其实是很偶然的。好的红酒与国产红酒以及海外低端餐酒的味道完全不一样，中间的差异很大。

## 波尔多红酒名庄

你知道世界上最贵的葡萄酒产自哪里吗？是的，波尔多。红极一时的韩剧《来自星星的你》中，女主角千颂伊最爱的葡萄酒正是波尔多的“酒王”——柏图斯。

初学时，我主要接触的就是法国波尔多红酒。因为波尔多是“世界葡萄酒之都”，是世界上好葡萄酒的最大产区，目前有 60 多个酒庄。

下面介绍的是国人口中的“波尔多八大名庄”，即拉斐、拉图、玛歌、武当、奥松、白马、柏图斯和红颜容。

拉斐（Chateau Lafite Rothschild）在一段时间内，是中国人唯一认识的最贵的酒，它是法国甚至世界上最好的红酒。

拉图（Chateau Latour）又称男人之酒，强劲雄壮，非常饱满，性价比非常高。

玛歌（Chateau Margaux）曾因为胡锦涛同志专程参观过而起死回生。

武当（Chateau Mouton Rothschild），又叫“木桐”，可谓女性之酒，醇厚、柔顺。其最显著的特点是每年的酒标都不一样。

白马（Chateau Cheval Blanc）和奥松（Chateau Ausone）是比较冷门的酒。由于不为国人所熟知，所以性价比更高，与拉斐是同样的品质。

柏图斯（Chateau Petrus）是目前最红、最贵的红酒，又被称为“柏翠”。

红颜容（Chateau Haut Brion），音译为“奥比昂”，单从名字上即可看出这又是一款女性之酒。

## 全球最贵葡萄酒扎堆地——勃艮第

在全球最具影响力的葡萄酒搜索引擎网站 Wine-Searcher 新近出炉的“全球最贵的 50 款葡萄酒”榜单中，法国勃艮第（Burgundy）收揽了 37 个席位（仅前 10 位就占有 8 席），而波尔多仅占 3 席。下面谈谈法国勃艮第产区的几种红酒。

罗曼尼-康帝（Romanee-Conti，DRC）一直是全球最贵的酒，这次在榜单中排名第二位，产地罗曼尼-康帝酒庄（简称“DRC”）在法国葡萄酒业中享有显赫地位。

拉·塔希（La Tache，DRC）的酿造方法与康帝酒稍有不同，虽产量 3 倍于康帝酒，但二者的品质相差并不大。你可以花康帝酒三分之一的价钱来品尝与其同一血统的拉・塔希酒，既充满康帝酒的韵味，又不失拉・塔希酒的特点。

李其堡（Richebourg，DRC）的品质相当出色，是李其堡园区中最优秀、价格也最昂贵的酒。

大依瑟索（Grands Echezeaux，DRC）的年总产量为10000瓶，酿造过程和工艺与DRC其他佳酿几乎雷同，酒标也相同，且酒中含有不少罗曼尼-康帝酒和拉・塔希酒的元素，在DRC系列中性价比最高。

## 新世界的激情

在葡萄酒的世界里，有新世界与旧世界之分。“旧世界”主要指法国、意大利、西班牙等有着几百年历史的传统葡萄酒酿造国家，“新世界”则指美国、加拿大、阿根廷、澳大利亚、新西兰等新兴的葡萄酒酿造国家。我要重点介绍的则属于“新世界”的酒，它们具有独特的澎湃动力，让我们一起来领略新世界的激情吧。

## 美国

啸鹰（Screaming Eagle）在美国酒里名气最大，价格最贵，是别具声望的“酒王”。与其他新世界酒不同的是，啸鹰酒只在收成相当好的年份才生产，年份差异极大。实际上啸鹰酒的声誉也是园主通过战略营销做出来的，其罕有的产量和昂贵的价格正好迎合了美国互联网经济迅速发展后产生的一批新贵们的猎奇心理。

作品一号（Opus One）是我最爱喝的美国酒，还曾经专门参观过其酒庄。作品一号拥有酒王的血统，是由法国酒王罗富齐男爵（Baron Philippe de Rothschild）和美国酒王罗伯特・蒙大维（Robert Mondavi）联合打造的，因而既有波尔多红酒复杂的口感，又有纳帕谷（Napa Valley）葡萄纯正的口味，我认为它是初学者和品酒专家都能接受并会喜爱的好酒。

## 智利

活灵魂（Almaviva）是由法国酒王罗富齐男爵联合智利酒王康查·伊托罗（Vina Conchay Toro）酿造的智利顶级葡萄酒，在原本就以性价比高著称的智利红酒中首屈一指。我认为活灵魂是最好的酒之一，而且不超过 1000 元（每支的价格）就能品尝到智利红酒的精华，性价比极高。

希娜（SENA）是原智利酒王，有着百分之百的智利血统，曾在一次柏林盲测品酒会上力拼法国五大名庄。这款酒口味非常重，特别适合吃牛排时品尝。

## 澳大利亚

奔富（Grange）是奔富酒庄的“第 95 号窖”（B95）酒，曾在全澳洲被评为超特优级的七个葡萄酒品牌中名列第一。我认为，奔富是最适合吃牛排时品尝的酒，其强劲度可以和拉图相媲美。

## 新西兰

2014 年我在新西兰找到一款基本能与前面提到的“新世界”酒相提并论的酒，名叫“TOM”。“TOM”的酒瓶设计得非常别致，酒标图案则很像篆书。

# 城市篇

传统意义上的一线城市就是北上广深，这是中国房地产真正的龙头所在，引领了整个中国房地产市场的发展。

# 一线城市住宅市场“三大风险预警”



大家都知道，传统意义上的一线城市就是北上广深，这是中国房地产真正的龙头所在，引领了整个中国房地产市场的发展。

整体来看，我对一线城市的未来发展还是比较乐观的，特别是住宅市场。最重要的原因还是基于供需角度的考虑。

这四个城市是中国政治、经济、文化、区域中心，需求方面不存在问题。另外一方面，相对需求来说，北上广深的土地供给仍远远不足，所以住宅的供不应求在相当长一段时期内，都还是这四个城市的主旋律。

但不能否认的是，这四个城市都已经过了房地产高速发展的最快阶段。在目前整体市场容量恒定的情况下，新房的成交量峰值已经有所回落。

在这种情况下，尽管市场整体趋势仍是往上的，但是未来不可能保持 2012 年年末、2013 年这么高的速度。事实上，从目前的趋势来看，除了有“畸形需求”（来自全国各地特别是西北、东北、华北的大量需求，对北京房价还有持续的推动作用）的北京之外，上海、广州和深圳的房价涨幅已经趋缓。

这样的趋势下来谈一线城市风险，个人认为主要体现在三个方面。

首先，是刚需板块的高价地块。我认为 2013 年之中，在部分刚需板块当中高价获取的住宅地块，2014 年存在一定风险，也将面临较大的调整。在地块的后续开发过程中，创新产品的打造就变得特别重要，比如面积紧凑、功能优化“总价平、单价高”的小户型产品。否则，这些高价地块上的项目一旦上市，无疑将为板块内其他楼盘“举杠铃”了。另外一方面，即使不会输掉名义上的价格，但是也拖不起时间，所以对这些地块比较担心。

其次，从豪宅市场来看，一线城市当中也存在着风险。大家都认为中国房地产遍地是黄金，买千万元豪宅是很轻松的事情，但实际上并非如此，每年豪宅的需求量都是相对固定的，而受到经济影响，比如说 2008 年的全球金融危机，市场波动更大。因为豪宅的消费者都是有很多房可住的，豪宅不是必需品。

最后重点说北京市场。如我们所看到的，作为一线城市，政府对房价的敏感度还是非常高的，时不时会动用一些行政手段来调控市场，比如不发预售证、限制房价等。这在北京体现的比较明显——需求市场的“畸形”，为未来的北京市场埋下了不少可以预见的风险，比如反腐倡廉，比如为了控房价动用行政手段。另外一方面，“限价”也造成北京市场部分楼盘“价高质平”的现象。

# 二线城市楼市风险分化



二线城市的最大优势，无疑在于它对周边区域和城市的吸附力。尤其是对地处中西部区域的二线城市而言，比如武汉、长沙、西安、成都、贵阳等等，这种吸附力更强。

尽管如此，对于 2014 年的二线城市市场，我认为还是会出现两种不同的走势。

从整体来看，2013 年市场成交持续高位，二线城市也不断创下新高。除北京、上海、广州等一线城市外，成都、天津、长沙、武汉、青岛等城市的年商品住宅成交也均突破 1000 万平方米，而不算 12 月份数据，重庆、合肥、沈阳前 11 个月也早已破 1000 万平方米。

快速去化之下，热点二线城市库存消化周期也有所缩短。但对一些普通二线城市而言，却是库存累积的一年。随着 2012 年下半年成交的大量土地在下半年入市，一方面是相对平稳的市场成交，另一方面是激增的市场供应，与之相随的是大量的库存累积。

在这样的前提下，我把二线城市的风险归为四大类。

第一类是市场容量大、供应量也大的城市。以天津为例，一年确实也有 1000 多万平方米的交易去化量，但是架不住更为巨大的供应量。类似的现象在北方不少二线城市当中较为普遍，比如沈阳、长春。

第二类是“量大价低”的城市。典型是重庆和长沙，每年市场交易量庞大，成交均价却处于低位水平。这样一种“量大价低”的市场当中，多数企业赚到了吆喝，但是未必赚到太高的利润。另外，由于当地高端需求缺乏，也很难拉动房价的进一步提升。

第三类是“量小波动大”的城市。杭州成为当之无愧的典型，一旦调控政策出台，就马上反映到市场当中去。在这种市场当中，受限于城市容量和人口规模，自用型需求有限，更多的是来自于投资性的需求，一有调控就首当其冲受到波及。

第四类是量平竞争大的城市。这方面最典型的当属贵阳。如大家所知，贵阳楼市好大盘，大型房企在贵阳占掉近四分之三的份额。在一盘独大的城市中，市场高度集中，房企规模和竞争力更是为众多本土房企及外来中小型房企所不能企及，长此以往，也不利于未来发展。

大连的情况正好相反，在大连市场，本地企业和外地企业杀做一团，单企业市场占有率低的前提下，集中度也特别分散，基本上没有一家企业可以独大，激烈竞争之下也易产生风险。

最后从产品类型来补充一点，由于二线城市经济发展水平的限制，真正的中产阶层和高端需求有限，且数量和一线城市相比仍有很大差距。对这些城市而言，高端改善住宅和豪宅，会成为相当时间内的去化压力产品，特别是均价、总价远超当地市场行情的“双高”产品。

# 三线城市住宅风险解读：美丽的“陷阱”

日期 2014 年 1 月 6 日 阅读量 2946 转发量 241

在很多热点城市出现风险的时候，不少三线房地产市场其实才刚刚起步。

中国有 289 个地级以上城市，除了 4 个一线城市、33 个二线城市外，252 个都是三线城市。

在这 252 个城市当中，房地产整体发展也处在不同的周期，有的处于起步期，有的进入快速成长期，有的已过了市场高点，有的则开始面临风险。而如果从区域来看，珠三角的三线城市整体市场好于长三角，长三角好于环渤海，环渤海好于东北，而东部区域也好于中西部，整体上是这样一个风险由南向北、由东向西越来越大的趋势。

当然，从整体来看，多数三线城市房地产市场发展仍处在相对滞后的周期。城市规模小、市场容量小，需求有限且供给无限，成为它们的共性。

究其原因，一个很大的问题就是地方财政过度依赖房地产市场，房地产作为支柱产业的地位依然牢固。从这些城市过去 3—5 年的城市化发展进程来看，主要都是通过房地产来推动的。而城市化发展远未到位，产业结构转型进度缓慢，地方财政过分依赖房地产，如果再加上远低于一、二线城市的常住人口和户籍人口比（根据我们的估算，三线城市这一比例在 0.95 左右，一、二线城市在 1.4 左右），都决定了三线城市的整体市场容量是有限的，未来发展空间也有限。

当然，在这些城市当中，也有一些成交量可以媲美二线的城市，例如中山、东莞、佛山。事实上，2013 年这些城市成交量均超过 500 万平方米，中山更是高达 844 万平方米，东莞也达到了 739 万平方米，在三线城市当中居于前列位置，也已经具备了二线城市的市场容量，但是对比数量庞大的三线城市而言，毕竟属于少数。

上面谈的是整体风险，具体到城市，三线城市最大的风险来自于那些房价较低、特别是均价水平在 6000 元 / 平方米以下的三线城市。在成交量低平、价格更低的市场中，即便是成本控制较好的一些规模房企，项目利润也很难如想象中可观，更重要的一点是项目增加了企业的管控半径和管控难度，消耗了管理团队。

当然，也不乏在这些城市做得非常好的企业和案例，比如碧桂园多个项目大卖。不过对更多的企业和项目而言，更多遭遇的情况是首开大卖、二次正常、三次萧条。过往不少企业在项目开盘之初，就已经把周边有支付能力的客户消耗一空了，这样一来，再寄托后期继续大卖、拉动价格的算盘显然落空了。这方面，恒大、龙湖、佳兆业，应该有不少的“血泪史”可以诉说。

三线城市看起来很美，但同样会成为陷阱。

# 四线城市：机遇风险并存，中小企业可适当参与



如果把行政区划上的县级市定义为四线城市的话，四线城市的数量有将近 400 个，如果再加上百强县，以及其他一些有一定市场需求的县，那数量就更多了。据不完全统计，目前中国有 2800 多个县。

在个人看来，四线城市大多存在着一轮房地产发展的机会，但是由于城市间又存在着巨大的不均衡性，因而很难从整体上给四线城市以判断，只能具体城市具体分析。

当然，从中长期来看，四线城市绝大多数都处在未来城镇化的重要机会当中，城镇化的发展，势必给房地产市场发展带来机遇。不过从目前来看，也有少数四线城市是过度扩张的。短期来看，四线城市的整体市场规模恐怕将进入一段萎缩期。

今天还有很多人津津乐道，连江世纪金源贵安新天地销售破百亿的奇迹，也有人清晰记得启东恒大海上威尼斯年销 20 亿元的纪录，还有海阳碧桂园十里金滩、句容碧桂园凤凰城的开盘热销。不可否认，最近两年的确是有这样一批地处四线城市的热销大盘。而从规模房企对这些项目的运营来看，也表现得相当不俗，但是个人认为还是有两点需要提醒大家。首先，这些成功案例是少数，数量屈指可数；其次，不管是城市进入还是后续开发来说，这些案例都具备了一些特别条件，不容易复制。

第一，周边有一线或者二线城市依附。从上述四个项目来看，支撑市场需求的已经不仅仅是区域型、本地型客户，更是外扩到周边一二线城市的需求了。

第二，极强的价格和成本优势，无一不是成本控制到极致的力作。

第三，大都拥有一些特殊资源。不管是碧桂园十里金滩还是恒大海上威尼斯，都拥有天然的海岸线，与此同时，配合休闲度假的需求，项目也都配置了超高规格和比例的商业配套。

综合上述，这些项目的成功看似不难，实际上却是企业资源、专业度以及资金实力的集中体现，是企业核心竞争力的综合体现。如果这些条件都具备，我也赞成去做个别这种项目。

对于一些区域和中小型开发企业而言，四线城市还是具有一定机会的。但在具体操作上，还需要注意：首先，规模请控制好。其次，从产品类型来看，在城市中心位置打造集商业、酒店、住宅于一体的小型综合体项目往往能取得成功，但是体量请控制在10万平方米以下。

当然，大企业就没必要再去分这一杯羹了。

最后再强调一点，对于四线城市的判断，还是要基于自身的人口和未来经济发展。牢记供求关系是决定房地产发展最核心的指标。这样一来，不管四线城市是诱惑也好，是风险也罢，那都是可掌控的了。

回顾点评

**在年初市场还一片火爆的时候，我对一、二、三、四线城市市场所预测的风险，现在看来还是比较准确的。具体来说，对一线城市刚需板块的高价地块、二线城市的楼市分化、三线城市供大于求的预测，和之后的市场走势都非常一致。特别在城市风险预测中点到的沈阳、长春、重庆、长沙、杭州、大连等，都是2014年当中压力比较大的城市。当然，虽然建议大企业不参与四线城市，但2014年很多大企业还是继续进入。毕竟大企业到哪里都具备优势。因此，我还是调整一下观点——大企业同样适合四线城市！**

# 明日之星和明日黄花

## ——论房企新一轮发展中的城市抉择



在近两年行业视野从扩张回归聚焦的过程中，哪些城市正成为行业争相进入的新明星城市，又有哪些城市正变成明日黄花？这是我这篇文章要重点分析的内容。

基于我们的数据分析，当前开发企业蜂拥而上的明星城市主要有三类：

其一，一线城市和个别热点二线城市。典型如北京和上海自不必多说，南京、杭州等城市 2013 年以来再度拿地的 50 强企业数量创了近年来的新高，尤其是杭州，该去的都去了，不该去的企业也都去了，这种一窝蜂的情况似曾相识。

其二，房地产市场处于高速发展阶段的二线城市。这类城市往往行政级别较高，但经济水平相对于热点城市有一定差距，中西部地区的省会城市是这类城市的代表，典型城市如合肥。同样的情况也出现在西安和南宁。

其三，市场容量较大且前期有企业取得成功的三线城市。这类城市的典型代表是佛山，最近两年年均商品住宅成交量达到 850 万平方米左右，自 2011 年之后，中海和恒大在当地获得了优异成绩。近两年以来，有多达 7 家 50 强企业新进入佛山，数量在全国仅次于杭州。另外如中山、东莞等珠三角城市年成交也在 700 万平方米以上，这些三线城市在同级别城市都要更受到行业青睐。

接下来再谈一下最近两年正在被大多数房地产企业遗弃的城市，我认为这类城市同样也可以分为三类：

其一，近几年市场经历了巨幅下滑的城市。其中典型的例子无疑是鄂尔多斯和温州。

其二，市场容量小，前期经历过一轮快速扩张的城市。这类城市往往受到经济发展水平、人口规模等因素的制约，当前市场空间其实比较有限，而在之前几年整个行业投资二、三线城市的大潮中，伴随地方政府大规模的土地出让，市场出现过一轮快速拉升，而这恰恰透支了其未来几年的发展动力。这类情况在二线城市多表现在某区域板块，典型如天津的滨海新区，从数据上看，区域供应过剩的局面正持续恶化。另外，这类情况在三线城市表现更为普遍，以连云港为例，持续的高体量土地供应使连云港市场的竞争压力剧增。同样的情况也发生在营口。最终的结果是，连云港是绿地在华东唯一亏钱的城市，而佳兆业等房企宁愿在营口割肉卖房也不想再呆下去了。

其三，市场容量尚可，但房价滞涨、竞争激烈的城市。这类城市往往经济与人口基本面都不差，房地产市场容量也尚可，但由于种种原因房价始终上涨乏力。对于开发商来说，在这些城市做不出应有的利润，典型的例子如无锡。与目前南京、苏州早已过万元的房价相比，无锡7000—8000元/平方米的均价显然拿不上台面。

回顾点评

**明日之星与明日黄花也在不断的转化中。2013年的明日之星是杭州与西安，在2014年又成为了明日黄花。**

# 上海一般、南京可期、杭州回稳

## ——华东各城市四季度楼市趋势



“金九”已过，“银十”如何？2014 年最后一个季度城市房地产市场向左还是向右？国庆长假期间我对全国 26 个城市楼市未来走势谈了看法和判断，分华东、华北、华南和中西部 4 篇。首先是华东 7 城市——上海、南京、杭州、苏州、宁波、常州、无锡。

### 上海 ➔ 整体一般，亮点在个案

上海“金九”未达预期，成交量与推盘量均有所下滑。据我们调研，之后一个多月有 43 个项目入市，在供应结构上，刚需产品的占比有所上升，10 月市场应该延续 9 月底的供求回升态势继续走一段小行情。上海的刚需、改善和高端都有“明星盘”，主要集中在“以价换量”大盘开发商的重点项目，四季度这种格局不会发生变化。整体上，消费者购房信心有所上升，购房信心指数评级上调至“谨慎推荐”级别。

### 南京 ➔ 市场回稳，曙光可期

三季度由于大量保障房陆续上市，且青奥会结束后多个项目集中加推，导致市场库存激增，达到历史峰值，市场压力显著。然而，随着限购放松，且多数开发商除通过降低房源首开售价，压低利润以吸引购房者关注，购房信心指数仍位于“谨慎推荐”阶段，但市场信心在逐步恢复。

**杭州** ➔ 双重利好，楼市进入小阳春

继 8 月杭州全面取消限购，9 月又迎来阿里巴巴上市，双重利好带动杭州楼市走出低谷。杭州营销方式主要还是“价格战”，“你方唱罢我出手”，价格战已经如火如荼，当然最近也加上了“阿里人”争夺战。杭州购房信心指数 2014 年来基本保持平稳，位于观望上限处，供大于求情况并未实质性改变。

**宁波** ➔ 供求矛盾激化，压力持续

9 月宁波供应 71 万平方米，环比大幅上涨 255%，而成交不足其一半，仅有 31 万平方米，环比大幅下跌 40%，其库存消化周期也达到 22.7 个月，压力较大，且“银十”也将是供应高峰，因此，宁波的去化压力还会延续一段时间。在营销动作方面，楼盘之间的“拼跌”大战或继续上演。宁波 9 月整体购房者信心指数有较大幅度下跌，评级下调至“观望”期间，短期内不建议置业者购房。

**常州和无锡** ➔ 市场已见底，后市或将否极“泰”来

常州和无锡市场已基本见底，至少市场不会更坏了。时至 10 月，常州多数项目已经由假摔变成了真打，营销噱头也已经转变成实际落地，以价换量，保证现金流的充裕；在无锡，应对“金九银十”多数开发商都有集中力量推案的计划，并根据产品的差异做出不同的价格策略。受益于部分重点项目出现大幅降价促销现象，无锡 9 月购房信心指数继续回升，维持“谨慎推荐”级别。

# 北京僵持、大连最差，大多一般

## ——华北各城市四季度楼市趋势

日期 2014 年 10 月 3 日 阅读量 5147 转发量 200

### 北京 ➔ 限购将坚守，市场仍僵持

北京 2014 年以来整体市场也和往年发生巨大反差，滞销盘和降价盘也有不少。从 9 月的推案情况来看，开发商积极性仍不高，部分企业开始以价换量，但效果远不如其他一线城市。且以价换量对刚需项目有效，对于改善和豪宅项目，目前尚无特别好的办法。此外，作为一线城市和首都，北京将是限购最坚定的城市，其限购政策或将坚守至最后一刻，因此，市场将保持僵持走势。对于个别降价力度较大的刚需项目或有个案行情。北京购房信心指数继续回升，已达 79.25，接近“推荐”级别，据房价点评网调研表明，10 月新入市项目将会持续低价。

### 大连 ➔ 供大于求矛盾难以缓解

2014 年前 8 个月，大连房地产市场的下行趋势非常明显，9 月成交面积和供应面积双双表现为持续低迷，取消限购亦作用不大，市场调整态势依旧明显。大连房地产市场经历过去若干年的混战，最近几年又不间断的大量供应土地，终于酿成今天的苦果，上半年它是全国压力最大的城市之一，四季度整体也不会明显改善。9 月大连购房信心指数略微上升突破观望区间，上调为“谨慎推荐”。

## 青岛、长春、沈阳和天津 ➔ 价格微降难扭转局势

这4个城市库存去化周期普遍在20个月以上，沈阳甚至达到35个月，去化压力巨大。限购政策的调整对成交的刺激远远不如对企业推盘的刺激，成交仅是短暂的微幅上涨，而供应确实大面积增加，适逢“金九银十”，企业更是争先恐后大肆推盘：长春9—10月共有37个项目加推，面积超180万平方米；沈阳和天津也各有100多万平方米的项目等待上市，供求矛盾激化，去化压力加剧。由于推盘量急剧上升，4个城市不少项目均有不同程度降价，然而幅度有限，多以博取购房者眼球为主；当然也有个别楼盘采取幅度较大的实质降价，取得不错的销售业绩，如青岛沧口的越秀星汇蓝湾，推出新楼座均价为每平方米7600元，价格相对前期降2000元，在房价点评网的评级由“谨慎购买”跃然升至“尽快入手”。

各城市购房信心指数方面，青岛政策环境好转，项目调价，本月指数微幅上涨，维持“谨慎推荐”级别。长春购房信心指数降为“观望”区，压力巨大。沈阳购房信心指数短期内以“谨慎推荐”为主，购房者也比较谨慎。天津市场的热炒并未给整体成交带来实质性的增长，成交主要集中在部分性价比较高的项目，而整体市场仍处于“谨慎推荐”范围内。

# 深圳高端难、广州压力大、海口格局变、福建不如前

## ——华南各城市四季度楼市趋势



### 深圳 ➔ 高端项目仍存去化压力

9 月份，深圳成交初现企稳回升迹象。经过大半年的需求积蓄，深圳成交水平开始回升，系刚需置业者在开发商价格调整和利率下调等利好消息下，慢慢开始结束观望所致，但高端项目供求比的持续高企，使其仍然面临着较大的去化压力。

### 广州 ➔ 市场压力巨大，以价换量方是出路

一边是成交低迷，一边是供应激增，加上迟迟不见松绑的限购政策和限贷政策，雪上加霜的公积金限额新政，偏紧的政策环境也容不得开发商对政府“救市”抱有太多的幻想，而要打破购房者积压的观望情绪，以价换量势在必行。

### 海口 ➔ 价格战或重塑市场格局

二、三季度，海口市成交相对平淡，8 月和 9 月，海口市推案量均在 40 万平方米以上，整个市场进入了备战旺季的状态。而到 10 月，恒大文化旅游城、绿地城、绿地海森林等城郊大盘的入市，也将持续推高海口的供应规模。就企业竞争角度来看，目前已经有一些企业或项目打破了市场格局，在这种大幅度动荡

的价格战影响下，未来海南的市场或将重塑。

### 厦门 ● 需求不振，抓住时机是关键

尽管三季度楼市持续低迷，但多数楼盘还是将筹码押在九月下旬以后，从九月下旬到10月这段期间内，据悉有18个项目集中入市，新增供应房源大约3600套。虽说限购解禁已经满月，但从当前的市场表现及推案量上分析，可以看出开发商已经是比较着急的，资金回笼压力与日俱增，如果企业想更好地实现走量回笼资金，抓住时机和善用时机是关键。

### 福州 ● 供应较大，当下成交仍然不振

在上一轮市场旺季中，福州发展速度过快，提前透支了过多市场需求，而2014年又是调整年，信贷政策持续高压，再加之市场供应持续高位，四季度存在比较大的压力。"金九银十"期间福州市的推案项目至少20个，项目新推案量40万平方米以上，出于提升周转速度和完成年度业绩指标考虑，四季度福州的价格战或将全面升级。

### 南宁 ● 品牌企业竞争是市场主旋律

自全国品牌房企2013年大规模拿地进入南宁后，2014年首批新项目将陆续面市，预计"金九银十"期间，将有39个项目开盘或加推，共新增120多万平方米供应，且基本以全国品牌房企项目为主，竞争日趋激烈在所难免。在白热化竞争且需求释放缓慢的市场格局下，低价入市、低首付现象开始频频出现，以价换量已成为南宁"金九银十"的市场主旋律。

# 武汉独秀、郑州不错、合肥平稳
## ——中西部各城市四季度楼市趋势



### 武汉 ➔ 一枝独秀

就成交表现来看，武汉在中西部城市中可谓是一枝独秀，年内成交量持续稳定上涨。2014 年 9 月 23 日解限后首周，武汉市开盘加推项目增至 17 个，受前期未备案的成交补签推动，周度成交量达到近 50 万平方米，创下历史新高，但成交均价方面却未见明显波动，部分项目甚至下调售价促成交，市场仍以去库存为主。

### 郑州 ➔ 各项目开始进入“冲刺”状态

郑州取消限购月余，整体市场销售量稳中有升，价格相对平稳。进入“金九银十”，许多项目加大推量并增大优惠幅度，预计有 50 余个项目在此期间开盘或加推，两个月推案量在 191 万平方米左右（2014 年月均推量 60 万平方米），市场竞争激烈。

### 合肥 ➔ 楼市仍处健康平稳

2014 年合肥楼市成交量同比略有下降。但由于一些品牌房企表现强劲，它们拥有较强的市场把握力和灵活的营销策略，促进了合肥楼市销售业绩再创新高，因此总体来说合肥楼市仍然处于一个健康平稳状态。

### 贵阳 → 低价是核心，大盘是主导

“金九”贵阳楼市成交持续攀升，这样的成绩还是基于贵阳市场的自身特点：量大价稳、刚需大盘主导、房企以价换量效果显著、购房观望周期短这几大因素。结合具体项目来看，9月份贵阳大盘项目表现依然抢眼，花果园和未来方舟仍占到全市成交量的近四成。

### 成都 → “金九银十”，楼市仍难突围

成都上半年楼市冷淡，在“金九银十”到来之前，很多开发商都宜早不宜迟地推出优惠促销，但从目前来看，只有个别项目降价幅度比较大，最终的购房价跟之前相比并没有多大差别。“去库存”将是未来市场的主旋律，以价换量或将成为房企营销的主基调。

### 重庆 → 以价换量缓解压力，价格下探还将持续

为备战“金九银十”，重庆市场从8月中旬便开始加大供应。从开盘情况分析，开盘去化率较高的项目优惠折扣幅度较大，价格具有明显的竞争优势，而价格较高的项目，市场接受度较低，开盘认购较为惨淡。以价换量已成为开发商冲刺年报的必要营销方式，去存量的最佳方式依旧是降价动作。

### 西安 → 楼市低迷趋势依旧

2014年“金九银十”期间西安预计开盘量为29个，相比7、8月份增加71%，比2013年同期下降40%，营销旺季的到来确促开盘量回暖，但仍低于2013年同期。从实际成效来看，9月份成交仍然低迷，市场观望气氛依然浓厚，因此我们对于“金九银十”的西安楼市依旧抱“冷”的态度。

回顾点评

**以上几篇分析是在“十一”前写的，对整体市场供求及城市分化把握是正确的。但由于没想到“9 · 30”政策出台，所以对四季度市场判断仍然比较保守谨慎，实际情况还是要好一些。**

# 网络小说

## 与网络小说的七年情缘

2007 年易居上市前后，我养成看网络小说的习惯。

在我办公室的书架上有不少网络小说的实体书，如《明朝那些事儿》、《盗墓笔记》、《鬼吹灯》等。

从 2007 年到现在，7 年时间我看过的网络小说加起来总共有一亿多字，因而还是有点心得的。首先，我看网络小说看过即忘，甚至连主人公的名字都会忘记，真正做到放松。再者，一般是 5—6 本书一起看，而且可能是不同类型的书。此外，以每天更新的为主，很多写手每天只更新 1—2 章，2 章一般 6000 字，5 本就 3 万字，这样 30—40 分钟内看完，基本能达到放松的目的，又不耽误时间。

任何事情都不能入迷。我听说很多人通宵达旦追网络小说，不仅达不到放松的目的，反而会更累。

## 那些经典的穿越文和热血文

刚开始，我读了很多历史穿越小说。比如月关的《回到明朝当王爷》、金子的《梦回大清》、阿越的《新宋》、Vivibear 的《寻找前世之旅》、灰熊猫的《窃明》等。

我总会给读网络小说的人推荐《回到明朝当王爷》，因为它轻松和令人愉悦，是一部意淫的“巨作”。但遗憾的是有点虎头蛇尾，当我翻到最后一页时很希望作者能继续写下去。《窃明》则从另一个角度将明朝和清朝的那段历史介绍得非常清晰。从历史的角度看，《新宋》和《窃明》丝毫不亚于《明朝那些事儿》，也让我补学了很多相关历史。

我看过的比较有名的网络历史小说还有猫腻的《庆余年》、月关的《锦衣夜行》等。网络小说一般都没有读第二遍的必要，但个人以为猫腻的有些小说是可以再读一遍的。

网络军事小说往往会让男人热血沸腾，尤其是打“鬼子”的，比如周健良《终身制职业》、一仓康人《狙击手》、纷舞妖姬《诡刺》和《弹痕》、天地傲雪《复活之战斗在第三帝国》、天子《铁骨》等。其中，《弹痕》被称为最热血的经典军事小说，《铁骨》在军事小说中也很有名。

网络军事小说主要构建的场景是回到清末民初（这些小说都是有一定的穿越成分的），拯救中国于水火之中，最后把日本或者其他侵略国家打得片甲不留，将科学新生的技术理念带入之后最终改变了中国的历史，可以说是“看着解气，看完了垂头丧气”。

## 走进非现实幻想世界

奇幻和仙侠小说是网络小说中最大的分类，也是我看得最多的网络小说。我选书看书友的点击榜，了解哪些是受拥护的作者，再追看其过去的作品。

首先推荐的是我吃西红柿（又名“番茄”）的书，从《星辰变》、《盘龙》、《九鼎记》、《吞噬星空》到《莽荒纪》，可谓本本精彩。

此外，我还推荐天蚕土豆的《斗破苍穹》、《武动乾坤》和《大主宰》，还有苍天白鹤的《武神》、《造神》和《无敌唤灵》、辰东的《遮天》和新书《完美世界》都不错。在网络写手中收入最高的“唐家三少”也值得一提。他的玄幻小说，如《神印王座》、《斗罗大陆》、《斗罗大陆 II 绝世唐门》、《天珠变》，感觉其作品的情节有较大雷同，不过对我来说也无所谓。

萧鼎的《诛仙》是我最早看过的网络仙侠小说，还记得当时是易居中国的财务总监马伟杰介绍我看的。

而忘语的仙侠小说《凡人修仙传》是我看过的最长的一部网络小说，连载了快 5

年，近 800 万字，每天 1 章，共 11 卷 2446 章。好多次都以为它要“烂尾”了，最终作者还是将其写完了，直到 2013 年才最终完结。

仙侠小说套路基本差不多，都是主人公得到各种奇遇，从默默无闻但又身怀雄心壮志的最底层小人物，发展成一个能跨越天界、地界、灵界，纵横四海的唯一“大能”，的确很励志。

2007 年易居上市前后，我养成看网络小说的习惯。任何事情都不能入迷。我听说很多人通宵达旦追网络小说，不仅达不到放松的目的，反而会更累。

## 网络小说终极幻想

网络灵异小说有一段时间很时髦，继天下霸唱的《鬼吹灯》系列之后，盗墓小说如雨后春笋般涌现出来，遍地都在“挖墓”。

天下霸唱的《鬼吹灯》（盗墓者的经历）和《鬼吹灯 II》共有 8 本实体书。而南派三叔的盗墓题材小说《盗墓笔记》共 9 本，堪称近年来中国出版界的神作，获得了百万读者的狂热追捧。《盗墓笔记》与《鬼吹灯》共同开启了中国通俗小说界的“盗墓时代”。

网络都市小说中一大类别是讲官场的，大多以第一人称的方式讲述，从一个默默无闻的人，或重生，或能预见未来，一路升迁，最后无所不能，很符合都市屌丝内心的向往。我主要看过石章鱼的《医道官途》、打眼的《天才相师》、录事参军的《重生之官道》、鹅是老五的《最强弃少》等。

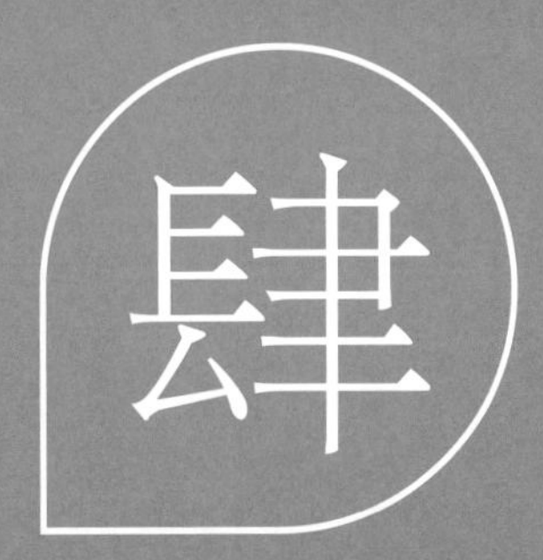

# 热点篇

从“马佳佳”到“房产众筹”，从“宋公不休”到宋卫平回归的“新绿城”，从“万科合伙人”到“全民经纪”，这是有故事的一年。

Part 01

互联网

# 项庄舞剑

## ——评腾讯和华南城的合作

日期 2014 年 1 月 24 日　阅读量 1715　转发量 122

2014 年 1 月 15 日，腾讯入股华南城事件受到各界广泛关注。主流的看法是，华南城通过引入腾讯共同发展“实体＋网络”的服务融合，将加快华南城的线上服务升级，形成一个跨地区的全国商贸批发网路；而腾讯最大的收获在于通过华南城布局仓储物流，提高供应链管理能力，在电子商务越来越重资产化的当前，增加其与阿里巴巴、京东商城竞争的砝码。

那么，接下来要谈我对于这次两家公司合作的看法。

首先，引入华南城真的能够让腾讯达到预期效果吗？我是有保留意见的。一方面，华南城所深耕的商贸批发中心领域，正是在当前电商模式下受冲击最大的行业之一，一个典型的例子是，当阿里巴巴、淘宝和天猫崛起后，类似浙江义乌那样传统的商品批发市场正在快速衰落，从这个角度来看，华南城自有模式的发展前景并不乐观；另一方面，华南城的项目布局依然有很大的局限性，投入运营的加上正在开发建设的项目总共也只有 8 个，并且主要集中在中西部地区，在这样的情况下，谈华南城仓储物流体系将完善腾讯电子商务体系，其实是过于理想化了。总结来说，我认为腾讯想依靠和华南城合作，来竞争阿里巴巴在电子商务领域的领导地位，短期来看并不切实际。

其次，华南城从本质上看依然是一家以开发加销售为核心模式的传统房地产开发商。从年报数据上看，2011 年、2012 年、2013 年上半年租赁性收入占华南城集团营业总收入的比例分别仅有 5%、3% 和 4%，而物业销售收入占比分别高达 82%、92% 和 90%，在我看来，华南城更多是在依靠打造大型商贸批发中心的概念圈地，其本质依然是一家传统的房地产开发商。可以预见到的是，在未来一段时间内，华南城将凭借和腾讯合作的概念进一步在全国扩张拿地，继续做销售型物业开发。

综合以上，我认为本次腾讯和华南城的合作，其最大的意义恐怕还是在用概念做房地产上，而不是在电子商务。从资金、利润规模来看，电子商务和房地产开发相比依然不在一个数量级上，2013 年的“双 11”活动，阿里巴巴集团对外宣布支付宝总销售额为 350.18 亿元，按照其极低的毛利率计算，利润也只够在二线城市拿块地而已。另外，从腾讯的业务结构来看，游戏及各类衍生服务依然是主要的利润来源，电子商务平台不是其主攻方向。退一步讲，即便腾讯未来想要在电子商务平台上和淘宝竞争，至少从目前来看，华南城也不是最好的、更不是唯一的合作对象，到底他们合作的真正目的是什么，也许只有两个老板清楚了。

回顾点评

**2014 年以来，华南城分别在合肥、广州、西安等地区拿下多幅地块，看来企业并未抛弃开发加销售为核心的传统房地产销售模式。从企业与腾讯合作对股价的表来看，自 1 月 15 日两家企业的合作消息公布后，股价从 2.17 港元 / 股大幅上涨 104% 至 4.43 港元 / 股，之后企业未有重大表现，股价反应平平，截至 12 月 9 日收盘价 3.69 港元 / 股。**

# 不能让“马佳佳”左右房市



2014 年初以来，互联网达人在房地产行业突然甚嚣尘上，尤其是这位颇具话题性的女子——马佳佳在给万科的演讲中，用明快前卫的 PPT 分析“90 后”人群特征而得出“互联网改变观念，‘90 后’不买房”的结论后，迅速引爆了又一轮房地产行业的新思考，一个小女子俨然要开始左右“房市”了。

我对马佳佳万科演讲稿全文反复研读，认真学习，客观地讲，从互联网思维的角度、从客户需求把控的角度、特别是从企划营销的角度，我都给予其很高的评价。但是从房地产行业的角度来说，马佳佳的论点在三方面有明显的认识误区。

1.“90 后”不买房是个伪命题。在中国，买房是永恒的主题，不论是现在的“90 后”还是未来的“00 后”，这已经是刻到国人骨子里的概念，除非你不承认自己是中国人。当前市场统计，80% 的购房者是 20—40 岁之间的刚需和改善，中国人的首次购房年龄是全球最低的，甚至于许多刚刚毕业的大学生都把“买房”作为人生第一要务。

2. 项目做“细分市场和垂直领域”一定小众。当然如果说细分产品仅仅只是一个规模化社区的组成部分则是可以的，万科等很多公司 10 年前就开始这方面的尝试，但如果说未来社区都要做成“女神社区”、“辣妈社区”诸如此类的，恐怕只是照搬互联网思维模式的无稽之谈，或者只是“马佳佳”的“YY”了。我们无法把每个人完全标签化，每个人都是复杂且在变化的。现实中的居住社区也就根本不可能像互联网世界中去轻易聚合细分产品受众，今天是女神，明天碰到高富帅后说不定马上就变成辣妈了。

3. 房地产就是房地产，别老把未来前景和社区服务忽悠在一起。有关未来房地产社区提供更多名目繁复的差异化、个性化服务，甚至鼓吹房地产行业盈利模式之变，也是互联网模式在房地产行业最不切实际的生搬硬套。房地产企业如果可以不靠开发销售（或租赁）房子盈利，那他就一定不是房地产企业。至于社区服务则是专业供应商的事，要享受服务该上网的上网，该付费的付费，与房地产企业没有一毛钱关系。

回顾点评

**本文是年初阅读量比较高的一篇文章，统计阅读量为 29688。在自媒体还没有完全兴起，粉丝数才刚刚破万的情况下，这算是一篇比较火爆的文章。换句话说，我“消费”了一把马佳佳。但从内容来看，评论还是准确的。**

**到今天我还是坚持同样的观点。当初要是真听了马佳佳的话，房地产就不要做了。对于规模房企来说，细分市场和垂直领域，肯定不是该做的事情。**

**相关文章链接**

2014 年 5 月 20 日别了马佳佳，别了小米手机——再谈房地产与互联网

# 围剿有理、搜房无过、携手共赢

## ——房产中介与互联网冲撞之深度思考

日期 2014 年 6 月 16 日 /2014 年 6 月 17 日 /2014 年 6 月 18 日 阅读量 10939 转发量 403

2014 年 6 月，房产中介和搜房网之间的房源下架大战如火如荼，我本人就这个话题很有兴趣展开讨论，考虑到自己也作为中介业内人士且自己任职的易居旗下乐居也和搜房有一定的竞争关系，所以本人的以下评论都仅代表个人观点，与本人任职的公司无关。

### 围剿有理

随着 2014 年中国房地产市场进入调整期，二手房市场行情也急转而下。除了“关店、裁员、降成本”的传统三部曲以外，这次中介又联手对占到成本近 30% 的渠道费用出了一个大招：“围剿搜房”——5 月 28 日，杭州 9 家房产中介以联盟形式宣布即日起下架在搜房网的所有房源，随后北京成立中介联盟与搜房网开始进行谈判，成都、重庆、青岛等多个城市中介也迅速作出响应。6 月 12 号搜房网股票收盘价 8.83 美元，单日下跌 17%。

在中介生死存亡的当口，你互联网却还赚得盆满钵满，大家联合对搜房进行围剿，以期达到降低成本、救企业于水火中的目的，这完全是正常的。

### 搜房无过

中介与搜房战争的导火线指向了“搜房帮端口套餐”这款产

品。作为搜房二手房的主力产品，几乎大中型中介公司经纪人人手一个端口，天天在那里刷房源。而这次战争的焦点就在于端口套餐的持续升级引发的收费升级。

但实际上，“劳民伤财”的搜房端口与“万丈深渊”竞价排名都是当前尚未成熟的中介行业白热化甚至恶性竞争下的产物，是市场选择的结果。不管中介如何抵制、如何抱怨，但今天你还得承认互联网对你业务的拓展起到了至关重要的作用，而且这种重要性在不断地加强，否则大家也不会真金白银的把产品不断推高，这一切都是符合市场供求的。

## 携手共赢

对于这次战争，我认为产品本身是无辜的。刷新房源成为主流模式也说明中国房地产中介行业还很不成熟，重复房源、虚假房源充斥互联网。以青岛为例，下架之前有25—30万套房源，下架之后还有四五万套，但从实际情况来看四五万套也是多的，可见原来的25—30万套房源90%以上是虚假或重复房源。

在这样一种不成熟环境中产生的产品自然本身也不成熟，随着中介行业的提高和进步，与互联网的结合也会随之发生改变。至少从当前来看，中介行业诚信的培育是非常重要的。为什么都要去刷重复房源，都知道劳民伤财，为什么不能只上真房源呢？用诚信还中介市场一片净土是行业最需要的。

二手房行业不断发展、不断提升，全面超越一手房只是时间问题，互联网改变传统的生活方式也成为必然趋势。理念可以碰撞，运作可以冲撞，房产中介与互联网的结合已是必然，只有携手共进，才能取得共赢！

回顾点评

**目前来看，携手共赢是不可能的。2014 年以来搜房先后入股合富辉煌、世联行和 21 世纪不动产，而中介行业的链家、我爱我家等也频出大招，未来和中介还有的要冲撞。**

**相关文章链接**

2014 年 7 月 12 日周六大家说：搜房在下一盘什么样的棋?

2014 年 10 月 10 日搜房入股 21 世纪不动产，好戏才刚刚开始?

2014 年 10 月 29 日 入行 15 年，要成为受人尊敬的地产人

# 七问彩生活



2014 年 6 月 17 日，物业管理公司彩生活启动招股程序，引起了业内的热议。作为国内物业管理企业的标杆，彩生活的上市标志着中国的物业管理再上一个台阶。赞扬声音已经非常多了。我今天想对彩生活未来发展提示一些风险，解决这些问题，未来能发展得更好。

一问，社区增值服务发展空间的问题。按照招股说明书披露的数据，2013 年彩生活管理户数约 100 万户，平均每户 45 元。潘军曾经预测理论上每户每天能赚 1 元，每年每户能赚 365 元。按这个数字，现在彩生活还有 8 倍左右的增长。但真能达到吗？市场空间到底有没有这么大？

二问，社区增值服务临界点的问题。社区增值服务达到怎样的临界点，才不会让客户产生反感？比如说，小区里的广告显示屏，这个广告屏放得越多、时间越长，收费肯定也越多。但是这会有一个临界点，超过了小区居民可承受的临界值，效果就会下降。这个临界点要好好测算，你不测算接下来广告主也会测算的。

三问，城市的扩张问题。截至 2014 年 4 月 30 日，彩生活已经进驻 78 个城市，其中三、四线城市约占四分之三。三、四线城市房价本来就很低，能收取的物业管理费用更有限。虽然现在的规模远没有达到规模的上限，但究竟是一、二线城市深耕求质，还是向三、四线城市扩张求量，彩生活已经面临重要抉择。

四问，物业管理质量下降的问题。企业不断扩张之后，物业管理水平也有可能会下降。这两年物管质量下降的情况已经很普遍，物业管理公司的核心还是要不断提升物业管理服务的质量，这比做好物业增值服务更重要。

五问，未来拓展成本的问题。彩生活上市之后，大家都重新认识了物管公司的价值（核心是居民消费的价值），物管公司再也不是半卖半送，从避之不及的包袱俨然成为“人见人爱”的香饽饽，迅速增加了彩生活未来的拓展成本和续约成本。这部分增加的成本切不可小觑。

六问，未来物管企业竞争的问题。目前，我并不认为彩生活掌握了什么特别高精尖的核心技术，管理团队不是，管理模式也不是，网络技术更不是，行业门槛依旧较低，彩生活未来肯定会面临各类物管企业的竞争，最近的竞争可能将来自于大开发企业下属物业公司。

七问，增值服务竞争的问题。彩生活线上的这些业务，现在任何一家互联网电商大鳄都能替代，线下也不是独家的，互联网大鳄也可以付出更大代价直接和业委会合作，某种程度上物业公司不是障碍和门槛。社区增值服务这块蛋糕未来会有更多的人来分享。

彩生活的上市和互联网思维的高歌猛进让大家的目光重新汇聚到物业管理这座金矿，而竞争才刚刚开始！

回顾点评

**彩生活 2014 年中报显示，公司在报告期间的收入 1.63 亿元，同比增长 49%；毛利 1.08 亿元，同比增长 82.4%。在管理社区数量方面，由 2013 年年中的 450 个增至 570 个；提供顾问服务的社区数量由 2013 年年中的 180 个增至 467 个。**

**七问彩生活，很多人都认为我是在质疑彩生活的模式，但实际上我还是希望彩生活的模式能够做得更好。即使这些问题不能完全得到解决，也值得企业深思，比如社区增值服务发展空间和临界点的问题等，都是和未来发展密切相关的。**

**从另外一个角度来看，之前大家神化彩生活，到今天待其发展一轮之后开始正视彩生活，用更客观的眼光看待物业管理和社区增值之间的关系，这也是一种进步。**

# 3 个万亿元大市场和 3 个 66.5 年的大生意
## ——谈住宅与互联网

日期 2014 年 7 月 28 日 /2014 年 7 月 29 日 阅读量 6464 转发量 429

在住宅生命周期的前 5% 的阶段，房地产与互联网可结合的三大万亿元领域：采购、营销和金融。而在住宅生命周期的后半段，住宅与互联网能结合的市场更为广阔，盈利点也更多。

### 3 个万亿元大市场

中国的住宅生命周期按 70 年产权算应该差不多，目前住宅质量到 70 年的时候还能住人就不错了！从开发到销售大概在 3.5 年左右，只占了 5%，剩下的 95% 实际是使用阶段。我们先把目光集中在这前 5% 上，因为主要投入和产出都在这个阶段。

第一个方面：互联网与采购，这个环节牵涉到万亿元的投资。如果今天用互联网平台将采购需求整合并与供应商对接即是集中采购平台。这个万亿元级的 B2B 市场吸引了众多人的目光，但可惜的是大多数尝试还是线上线下两张皮，借用电商概念来做具体线下。

第二个方面：互联网与营销，由于营销直接关系到产出，所以得到行业的一致认可。从无网络不营销，到无电商不营销，再到无移动不营销（易居中国董事局主席周忻语），房地产营销与互联网结合已经经历多个阶段，相对来说是比较成熟，不仅提高了营销效率，而且降低了营销成本。

第三个方面：互联网与金融，在交易环节还有一个最重要内容即是付款，包括首付和按揭，这又是一个万亿元级的市场，而且在银根紧缩和银行限制颇多的情况下，这块的需求更大。

## 3 个 66.5 年的大生意

而在住宅生命周期的后半段，平均长达 66.5 年的运行和维护阶段，住宅与互联网能结合的市场更为广阔，盈利点也更多，主要包括了三大领域。

第一大领域，物业管理。就目前来讲，互联网物业管理服务主要有以下三个类型：1. 专业商，专门为社区提供物业管理服务的公司，如彩生活；2. 开发商，特别是全国性的千亿公司，完全可以借助互联网把社区增值服务作为未来的盈利点，如万科、绿地；3. 平台型，即今天利用互联网技术，在全国范围内架设起商家、社区、物管三者互动的平台，如易居联合新浪等推出“实惠”。

第二大领域，社区电商。互联网可使社区的商业业态更广泛，定位更精准。社区结合电子商务搭建的社区服务平台，能提供居民“最后 100 米”范围内的服务。

第三大领域，社区金融。社区金融把线上的平台与线下的金融点作有机对接，形成较为全面的社区金融服务，如万科的社区银行以及彩生活的小微贷款。

随着当前一手住宅销售碰到天花板后逐步出现回落，未来后销售时代的每一块市场都要大于我前面讲的住宅开发销售阶段的采购、营销和金融，虽然布局刚刚启动，但硝烟四起，未来竞争一定也是白热化的。

### 回顾点评

**现在看来，“3 个万亿元大市场”中最靠谱的还是第二个和第三个，比如第二个互联网和营销的合作这一块，实际上也是 2014 年互联网与房地产结合最好的部分。另外，互联网与金融，特别是在首付方面的金融服务，也是 2014 年的下半年的重点。这两块是最现实也是最有效的。**

# 房产电商没有错，政府疏导是关键



2014 年 9 月 1 日晚间，澎湃新闻网登出了一篇名为《X 万抵 X 万没戏了！苏州第一个对房产电商提前蓄客说不》的文章，一时间被各大网站转载，成为了小伙伴们街头巷尾热议的话题。

事件源于 8 月 29 日苏州市住建局发布的《关于进一步加强商品房销售管理的通知》。文件中明确，“在取得商品房预售许可前，房地产开发企业不得收取任何预订款性质的费用，不得委托第三方以认筹、发放会员卡、网络团购等抵扣或优惠购房款的方式组织团购”。此“政”一出，业内一片悲观情绪，但是仅凭这就断言苏州此举意在“禁止”，难免显得有些断章取义。

一、非禁止，要规范。此番苏州的文件中开篇重点强调“加强商品房预售管理”，同时要求住建部门加大房地产市场违法违规查处力度，建立良好的市场秩序。所以说，今天不是不能做电商，而是不能在拿到预证前收筹。

二、与其禁止，不如疏导。房产电商的发展确实有这样那样的问题，比如参与团购最后没有获得实质性优惠；比如摇号存在人为操作等问题。这些造成了购房者对于电商方式的误读，出现了政府提到的投诉。但今天对这些问题，政府用“一刀切”“堵”的方式去解决值得商榷。作为新兴事物，房产电商这两年有着快速的发展，特别是苏州电商俨然成为了房产营销主流，应该说这是电商在房产中的成功应用完全值得肯定。今天一味的强调问题堵死这条路，倒不如合理引导促进房产电商行业的健康发展。

三、强化监管，持续改善。任何行业的长远发展都离不开监管机制。前期的疏导工作完成后，后期监管就必须及时跟上，保证在发现问题后能够及时改进。此外，对于购房者反馈的问题要有针对性的解决方案，对可能出现的问题提前做好预案，比如要确保购房者随时退筹，保证摇号公平等等。

房产电商是互联网电商的创新实践，做好房产电商是利商又利民的好事，苏州政府要做的绝对不是禁止，而是能让房产电商在苏州真正飞起来。

回顾点评

**电商这种东西怎么可能禁得了?!“苏州禁止房地产电商”的新闻后来也被证实系媒体误读。而尽管政府不禁，但是我们也看到部分企业今天禁止电商，实际上是出现了一些内部管理上的问题。**

**我的观点还是一样的：不能靠禁止，需要靠规范。与其禁止，不如疏导。强化监管，持续改善。这些建议同样给这些企业。**

# 房产众筹，互联网思维还是纯属炒作？

日期 2014 年 10 月 28 日 阅读量 4844 转发量 231

继房企互联网思维的“先行者”万科在苏州搞了一单众筹后，颇有风起云涌之势，东莞、珠海、昆山等地相继跟上。这些众筹的特征有几个：第一，都只有一套房子；第二，金额低，总价几十万元为主；第三，参与者投入金额较低，1000 元钱起投；第四，最后拍出去貌似回报率较高。

但这就是众筹了吗？我们回过头来看看众筹的定义：众筹行为，即发起者通过平台发布项目并寻求与网友资金支持，支持者自愿提供资金并在项目成功融资后获取相应回报，双方形成一种互惠互利的关系。但我怎么感觉，这些所谓“众筹”，就是开发商专门拿出一套低价房，把与市场价的差价所得直接分给若干个参与者，然后对外进行放大宣传，以取得推广的效果，回过头来对其他房源销售产生作用，和众筹没有一点关系。有没有这些所谓众筹参与者，都能把这套底价房子平价拍出。这样的炒作众筹，有意义吗？更何况整个效应随着炒作者纷纷涌入，炒作效果递减，每个城市只能炒一次。

回归到本质来看，房地产到底能不能做众筹？最近有一家与新浪乐居同名但没有半毛钱关系的基金公司也推出一个众筹方案，有点类似于 2003 年于凌罡的集资建房。当时也是忽悠了一大帮人，声称通过集资建房能节省 30%—40%，然而，2005 年起于凌罡多次在土地市场上拿地失败，并于 2009 年最终宣布暂停集资建房计划。今天土地问题更是不可逾越，不少开发商 2013 年拿了地 2014 年还要赔本卖，你去拿就会有便宜的地了吗？规模房企如果真的亏本了，至少还能建完交付给你，众筹万一亏本会怎么办？代建费还付得出来吗？付了钱的众筹者，这个时候会不会奋起和发起方打官司？这些问题不解决，众筹就无法进行。

还有第三种，就是利用众筹的方式了解客户需求，给开发商指引。同样，我也觉得较难，了解需求可以直接调研，为什么一定要众筹呢？互联网替代传统产业，核心点在于减去所谓中间环节，大幅降低最终价格。如果这些都没有解决，反而成本越来越高，流程越来越复杂了，那么所谓互联网在房地产行业的运用还有什么意义？

所以，今天看来，房地产众筹就是一场炒作，来得快，去得也快！

回顾点评

**众筹也是 2014 年房地产与互联网当中的一个热词。但纵观房地产的众筹概念，都属炒作。今天回头来看，整体炒作效果不错，卖房效果一般。**

Part 02

企业

# 大象起舞，剑指第一

## ——评绿地借壳上市



2014 年 3 月 17 日晚，金丰投资宣布，拟通过资产置换和发行股份购买方式进行重组，拟注入资产为绿地集团 100% 股权，预估值达 655 亿元。这表示经过五次连续停牌，历时超过 8 个月，金丰投资重组事宜终于即将圆满落幕。18 日金丰投资复盘即涨停，股价升至 5.75 元。至此绿地总市值已达 681 亿元，在上市房企中，仅次于中海、万科，排在第三。

绿地借壳上市，可以说是近 3 年来中国房地产资本市场上最大的一次动作，此次上市将真正让绿地这只大象在行业中解开束缚，翩翩起舞。

第一，混合所有制将成为绿地起舞的最大动力。推动混合所有制是国企深化改革的重点，绿地此次上市正是混合所有制的巨大成功。2013 年末绿地引进 5 名战略投资者，这是推动绿地混合所有制改造的重要举措。可以说，绿地将成为上海混合所有制改革的标杆，从这个角度来看，上海政府也会不遗余力对绿地给予各方面的支持，这也是绿地跟其他借壳上市公司的最大不同，它代表着本届政府在国企改革上的一种发展模式。

第二，上市之后，公开市场对绿地的管理能提供更好的监督与支持。现在，不论是国有机制还是民营体制，其实都不如上市公司的管控模式以及公众投资人的监督对企业的管控来的到位。

此外，上市结构更有利于激励职业经理人，特别是绿地的职工持股有近 30%，股票解禁后对职业经理人也是极大的激励。

第三，上市平台能够更好地对绿地提供从资金到资源各方面的支持。成功借壳后，绿地将实现 A ＋ H 股双平台融资渠道，进一步拓展企业融资渠道，同时也将进一步增加市场影响力。未来 A 股对房地产再融资的一些限定可能将会有所放开，届时绿地极有可能成为首批实现再融资的公司之一。

第四，从股票本身来讲，金丰投资（绿地）将会继续涨停。首日复盘金丰投资已经涨停至 5.75 元，但是短期来看，金丰投资的股价预计将涨到 6.28—7.75 元。对比目前典型企业的 PB 和 PS，绿地目前的 PB 和 PS 都明显偏低。而根据绿地 2014 年销售目标 2400 亿元来看，按照平均的 PS，企业股价有望达到 8—10 元。

以上仅仅是从房地产业务相关的角度来考虑，能源业务是绿地的第二支柱业务，年营业收入约在 1200 亿元。从能源产业来看，观察 20 家典型的能源行业上市公司，PB 平均在 2.25，高于房地产行业的水平。从这一角度来看，绿地的市值还有上涨空间，而一旦达到 10.2 元，就将超过中海成为房企市值第一位。

2014 年初张玉良宣布绿地销售目标 2400 亿元并勇争第一，现在来看这个冲第一还真不仅仅是销售额，如果今天市值达到第一，这个含金量可能更足。

回顾点评

**从 2014 年初（3 月 17 日）就宣布重组，到年底搞了一年了壳还没借完……而万达已经从 A 股转 H 股，H 股也上完市了，只能说，借个壳真难。**

# 别让高周转变成高库存

日期 2014 年 5 月 27 日 阅读量 5710 转发量 311

最近几年高周转成为诸多房企的核心战略，无论是千亿元规模企业如万科、恒大、中海等，还是百亿元新军如阳光城、旭辉、蓝光、中南等，抑或是一些小型房企，无不把高周转奉为至上模式。

确实，从 2009 年到 2013 年，谁实现了高周转，谁就会抓住企业规模快速扩张的先机，也都从高周转战略中尝到了甜头，连上数个台阶，将当年的对手远远抛诸其后。

**近两年高周转企业新开工规模扩展情况**

| 企业名称 | 新开工面积 | | | 销售面积 | | |
|---|---|---|---|---|---|---|
| | 2013 年 | 2012 年 | 同比 | 2013 年 | 2012 年 | 同比 |
| 旭辉集团 | 380 | 150 | 153% | 143 | 102 | 40% |
| 荣盛发展 | 613 | 268 | 129% | 472 | 323 | 46% |
| 碧桂园 | 3018 | 1401 | 115% | 1593 | 764 | 109% |
| 富力地产 | 600 | 282 | 113% | 339 | 288 | 18% |
| 金地集团 | 516 | 286 | 80% | 360 | 290 | 24% |
| 中南建设 | 250 | 160 | 56% | 205 | 139 | 47% |
| 世茂房地产 | 800 | 522 | 53% | 524 | 410 | 28% |
| 万科集团 | 2131 | 1433 | 49% | 1490 | 1296 | 15% |
| 恒大地产 | 1988 | 1605 | 24% | 1489 | 1549 | -4% |
| 保利地产 | 1692 | 1410 | 20% | 1065 | 900 | 18% |
| 中海地产 | 1000 | 960 | 4% | 923 | 730 | 26% |

数据来源：CRIC，企业年报。

但随着2013年住宅市场达到两个顶点——成交面积13.1亿平方米和成交金额8.1万亿元，分别同比增长17.3%和26.8%，其后，市场迅速进入调整期。我认为中国房地产市场总量高点已过，开始进入高位调整阶段，后续还可能将逐级下滑。

而企业高周转模式要实现良性的循环，一个重要前提条件就是：市场趋势持续向上。如果市场出现调整和波动，直接影响到销售量的下滑，投资、开工、在建、上市环节尚未预先调整的情况下，最终变成存货增加，企业付款增加，随之企业资金面紧张，负债增加……周期一旦难以控制，最终将会给企业带来巨大风险、陷入危机。

在当前环境下，企业高周转战略该做一些调整了：

1. 短期内强调去化，把销售之后再投资的闭路循环切断，使销售作为最终结果，回款资金不要马上再投资。

2. 尚未实施高周转的企业，高周转和快发展战略在当前市场中需要重新考量。适不适合？这样做可能需要承担的风险如何？一定要做的话，适合在哪些城市？这些城市是否具备高周转和快发展的外部条件；对于一般的中小企业，高周转战略可以取消。

3. 对在实施高周转战略中已经碰到风险的企业，要有壮士断腕的决心和行动力，要加快在售项目的周转，千万不能将上市量变成存货，该降价就果断降价，否则后果不堪想象。

所有战略都有相对应的市场环境，环境一旦变化了，战略也要快速调整，没

**典型高周转企业近五年的企业规模增长情况**

| 企业名称 | 2009年 | 2013年 | 增幅（倍） | 复合增长率 |
|---|---|---|---|---|
| 碧桂园 | 212 | 1097 | 4.17 | 51% |
| 恒大地产 | 307 | 1083 | 2.53 | 37% |
| 荣盛发展 | 61 | 270 | 3.43 | 65% |

数据来源：《中国房地产企业销售TOP50排行榜》。

有一成不变的、放之四海而皆准的做法，高周转也是如此。千万不要忘记房地产行业是有风险的！

回顾点评

**这个观点一提出，就在行业内达成了共识。“高周转不要变成高库存”，也预示着高周转时代的结束。**

# 中国房地产足球



4 年一度的世界杯于 2014 年 6 月 13 日开始了，在这当口中国足坛又出现了一次大地震：阿里巴巴注资 12 亿元获恒大足球俱乐部 50% 股权，阿里弃宋投许，留下一个幽怨的宋卫平。今天马云选择恒大也是必然，马上要成为中国市值第一的互联网大鳄，投个足球肯定也要选第一投呀，这当中本来就讲究门当户对，兄弟感情什么的都是假的！

恒大队涉足 3 年就是亚洲第一，完全要归功于老板许家印。而中国足球今天还能吸引大家的目光，这么多年屡败屡战还能熬下来，必须归功于房地产。房地产确实厉害，既是中国经济的支柱产业，又是地方财政的主要来源，也是中国足球最大的金主，没有房地产就没有今天的中国足球，这句话一点也不夸张。国家

**部分房企房地产销售额与球队投入比较**

| 球　　队 | 主要投资方 | 2013 房地产销售额排名 | 2013 房地产销售额（亿元） | 2013 球队投入（亿元） | 投入与销售额比 |
|---|---|---|---|---|---|
| 上海绿地 | 绿地集团 | 2 | 1625.3 | 1.5 | 1:1083.5 |
| 中国国家队 | 万达集团 | 3 | 1301.1 | 5（3 年投入） | 1:260 |
| 广州恒大 | 恒大 + 阿里巴巴 | 7 | 1082.5 | 6.5 | 1:166.5 |
| 杭州绿城 | 绿城集团 | 10 | 553.8 | 1.3 | 1:426 |
| 北京国安 | 中信集团 | 14 | 445.1 | 1.0 | 1:445.1 |
| 广州富力 | 富力集团 | 16 | 422.3 | 1.5 | 1:281.5 |
| 河南建业 | 建业集团 | 50 强外 | 140 | 1.5 | 1:93.3 |
| 山东鲁能 | 鲁能集团 | 50 强外 | 110 | 3.5 | 1:31.4 |

队的金主是房企万达集团，中超 16 支球队中涉房 15 家（主营业务涉房），其中 9 家上市房企，绿地、恒大、富力、绿城、建业、人和这些地产界赫赫有名的企业都是今天中超各支球队的后台老板。

房地产和足球的最相似之处，一是花钱如流水，二是富有激情。足球烧钱众所周知，但相比这些房企的销售额来说还是小巫见大巫；而富有激情则是这些房企老板的共同特征，而且从这些掌门人的年龄来看，许家印 56 岁，宋卫平 57 岁，张力 61 岁，张玉良 56 岁，胡葆森 59 岁，宋尚龙 61 岁，张秉军 51 岁，戴永革 46 岁，他们大多数为“50 后”和“60 后”，正是中国最有激情的男人。在这些人当中，只有徐根宝是唯一一位与房地产无关的掌门人。

中国足球未来前景（“钱景”）猜想：从阿里巴巴注资恒大足球俱乐部，我们发现比房地产更富裕的行业——互联网也开始涉足了。阿里已经领先一步，腾讯还等什么，百度也不能落后啊！BAT 应该快点和中国足球对接。BAT 当下的市值加一起总共约 3589 亿美元，9 家房企上市公司市值加起来（约 1131 亿元人民币）也是望尘莫及的。看来中国足球更大的金主出现了，接下去的投入数字不变，只要把原来人民币换成美元即可，也许互联网介入才是中国足球冲出亚洲走向世界的关键！

回顾点评

**2013—2014 中超联赛已经结束，恒大足球（广州恒大淘宝足球俱乐部）豪取四连冠。升入中超的两家球队，石家庄永昌足球俱乐部的投资者是永昌地产开发集团，重庆力帆足球俱乐部的投资者重庆力帆也涉足房地产。唯一与地产无关的掌门人徐根宝在 2014 年 11 月退出了超级联赛。**

# 上市是房企发展的基石

## ——评当前房企“流血”上市



2014 年 7 月 7 日，又一家内地企业——国瑞置业（HK02329）挂牌上市，当天收盘报 2.5 港元，较上市发行价 2.38 港元，上涨 5%。2014 年以来，已经有 9 家内地房企通过 IPO 或者借壳方式

**2014 年以来内地企业赴港上市情况一览**

| 企业名称 | 上市方式 | 上市时间 | 发行价（港元 / 股） | 今日收盘价（港元） | 市盈率（PE） | 相对发行价变化 | 募资总额 | 总市值（亿港元） |
|---|---|---|---|---|---|---|---|---|
| 力高地产 | IPO | 2014-1-30 | 2.5 | 3.4 | 8.85 | 36% | 10 亿港元 | 54.4 |
| 阳光 100 | IPO | 2014-2-22 | 4 | 3.67 | 5.97 | -8% | 2.58 亿美元 | 73.4 |
| 海昌控股 | IPO | 2014-3-13 | 2.45 | 1.22 | 33.24 | -50% | 26.8 亿港元 | 48.8 |
| 光谷联合 | IPO | 2014-3-28 | 0.83 | 0.77 | 5.18 | -7% | 8.3 亿港元 | 30.8 |
| 亿达中国 | IPO | 2014-6-27 | 2.45 | 2.45 | 6.14 | 0% | 13.58 亿港元 | 63.21 |
| 金茂投资 | IPO | 2014-7-2 | 5.65 | 5.35 | 10.56 | -5% | 33.9 亿港元 | 107 |
| 国瑞置业 | IPO | 2014-7-7 | 2.38 | 2.5 | 4.93 | 5% | 2.424 亿美元 | 101.47 |
| 中国新城市 | IPO | 预计 7 月 10 日 | 1.3 | — | 8.12—11.18 | — | 20 亿港元 | 71.26 |
| 青建发展 | 借壳上市 | 2014-2-17 | — | 2.57 | 4.95 | — | 27.9 亿港元 | 7.71 |
| 绿景集团 | 借壳上市 | 2014-2-28 | — | 1.78 | — | — | 9.45 亿港元 | 23.99 |

注：市盈率按 2013 年利润和 2014 年 7 月 7 日收盘价计算。

在香港上市了。

从这些企业的特征来看：第一，年销售额基本在50亿元以下，按销售额排名都在100位开外；第二，布局的城市基本都在10个以内，而且多数都以某个城市为核心的区域性或全国性布局；第三，这些房企都有继续做大做强的动力和需求。

因此，上市对这些房企来说就成为了发展过程中的必然选择，上市是这些房企参与楼市下半场角逐的“入场券”。原因如下：

第一，上市打通了房企融资的重要渠道。上市之后企业可以进行发债，获得银行贷款的条件也将更加宽松，另外融资方式也更加多元化。所以对企业来说，“流血”上市之后立马可以大大“补血”。

第二，上市是对房企未来规范化运作的重要约束。过去，房企生存方式是关系型资源型的，搞定资金和土地就能发展。而今天，这样粗放式的方式已经很难生存，行业越来越规范，竞争越来越激烈。上市能够对房企在规范化、专业化和体系化等方面起到很大的促进作用。

第三，上市是房企抵御风险的重要保障。今天中国房地产行业已经是冰火两重天，无论是城市还是企业，彼此差异巨大，市场也将日趋成熟。我相信，企业间强者恒强、弱肉强食的局面将成为未来主导。在这样的情况下，大多数的房企都希望自己的企业能够做大做强以抵御风险，而上市本身就是一种抵御风险的重要手段。

今天，再“流血”，对企业影响也有限，如果能在后续的运作中，体现出上市带来的效益，能够拿到更优质的土地，取得更好的销售，最终带来股价的上升和市值的扩大，那么今天流出去的血，明天都会加倍补回来。从这个角度来讲，对有条件上市的房企，任何时候上都不晚，任何价格上都不亏！

回顾点评

**这么多企业加在一起也不如万达一家。对房企来说，上市可能是第一要务。但对资本市场来说，多你一家不多，少你一家不少。要么有规模，要么有特色。**

# 如果万达交给王思聪，上市还会不会破发？



2014 年 12 月 23 日，万达商业地产终于迎来了香港上市。王健林偕夫人林宁、儿子王思聪、万达高管，以及卢志强、马蔚华、董明珠、曹国伟等诸多嘉宾齐聚香港，鸣锣开市。尽管谁都没穿红色服饰，但最后股价仍然报红。发行价 48.00 港元，收盘价 46.75 港元，跌幅 2.6%，最高只涨了两毛钱，最低下探至 43.8 港元。

应该说，万达的上市开局有点让人失望，继之前的募资规模不断缩水，最终开盘也没能迎来“开门绿”（在香港绿色代表股价上升），轰轰烈烈的 IPO 之旅只能算是差强人意。

没有做成首富也好，未超越阿里也好，究其原因，还是出在万达和王健林自己身上。王健林一而再再而三地强调万达的房地产龙头地位，而在当前地产股疲软的境况下，能达到今天的市值已经不错了。

王健林在给投资人讲述公司的时候，还是在提 110 个城市，159 座万达广场，1470 万平方米持有物业，仍然用这样一套“房地产思维”去和投资人打交道，白费了马云和他的打赌。或许王健林的心里看不上“虚无缥缈”的阿里巴巴，但阿里巴巴要描述的不仅仅是交易，更是在交易背后的这么多“剁手党”——每年

1.5万亿的交易量背后那近5亿的客户才是阿里真正的价值。如果今天万达能转变思路，不谈物业规模、商场数量、资产价值，而谈通过旗下的商业、写字楼、住宅、文旅项目拥有了多少客户，能将这些客户用什么样的方式串联在一起，如何不断地基于他们所处的地理位置去发掘客户，引导和满足他们的需求，这才能体现出万达今天的真正价值。如今王健林还在回复记者“任何商业模式都不存在天花板”，就大错特错了。问题的核心并不是万达商业是否存在天花板，而是用怎样的新模式去打破或提升原有模式，冲破笼罩在头上的天花板，这才是真正与时俱进的创新思维。

王健林过于关注手中的资产，却没有关心客户群体，思维还停留在“重产品，轻客户”的典型房地产企业思维，这完全不符合运营型商业的未来趋势。如果万达今天给投资人介绍一套中国最大的客户管理系统和最完善的O2O体系，把围绕着运营型商业的客户群体牢牢掌握在手上，还能不断地复制提升，那今天的万达上市就绝不是跌2.6%了。

当然，王总要完全接受这些理念可能有困难。就像他感谢的人一样，他感谢了马蔚华、卢志强这些老哥们，却不感谢年轻十岁的马云，不感谢天天为他贡献价值的客户。如果万达交给王思聪，结果会不会有改变呢?

回顾点评

**万达上市预示着一个时代的结束，但更希望是一个全新时代的开始。**

Part 03

绿城

# 绿城仍在，宋公不“休”

日期 2014 年 5 月 19 日 阅读量 8142 转发量 317

2014 年 5 月 17 日，周六，宋卫平拟文《致谢并答复》回应收购事件。文章虽然不长，但饱含宋公对绿城业主、绿城员工以及绿城的一片眷恋和深情，相信很多人如我一般一读、再读、三读。

宋公是少数几个我从未谋面的行业大佬，但这一点也不影响我对他的敬佩之情。宋公周六之文字，仍然充满他永远的“理想主义”，虽对行业之束缚心灰意冷，但从未对自己追求的“真诚、善意、精致、完美”价值有所轻慢。而这种无悔的付出，换来的是无数铁杆“绿粉”和真正的尊重。

客户的认同是对开发商最大的褒奖，而遍观中国开发商，能够做到绿城今天这种地步的独此一家。宋公在过去的各种场合无数次提出：绿城要对得起每一个客户，要把产品品质做到极致，要把服务质量做到完美，这么多年来，绿城就是这么做的，“桃花源”、“玉兰花园”一个个耳熟能详的“作品”，就是给这些“绿粉”最好的礼物。

今天房地产界都在讲互联网思维，而互联网思维的核心就是持续关注客户的需求，不断为客户创造最好的产品、提供最好的服务，而这些绿城已经践行十年。当所有人用数据分析绿城，用指标分析绿城，用利润分析绿城时，千万不要忘记，这些“坚持”才是绿城最大的价值，这些“绿粉”才是绿城最大的财富。

宋公是理想的人，宋公也是感性的人，他是愿意为了项目细节上的精益求精最终可以不赚钱的人，永远念叨着的“这又花不了几个钱”确实让众多投资人对他“爱恨交加”。6年来3次市场大调整也许让宋公对行业真正失望了，但他对坚持这么多年的事业不会有半分后悔。今天的绿城不仅有绿城开发，还有绿城物管、绿城医院、绿城学校，这些都不断在为绿城业主创造着持续的价值。此外，宋公还有承载他未来理想的绿建公司、养老地产和现代农业，这些事业还将继续，宋公的理想还将继续……

宋公今天交到孙宏斌手上的绝对不仅仅是一个上市公司和一些开发项目，而是一份对价值观的执着坚持和对一群最可爱的“绿粉”的永远承诺。“天下本一家，有德者掌之”，这是一份嘱托，更是沉甸甸的一份责任，相信孙宏斌一定会好好把握。

明天，绿城仍在，宋公不“休”！

回顾点评

**预测太准确了！讲“绿城仍在，宋公不休”，结果他为了绿城真不休息，这是万万没有想到的。**

# 孙宏斌开始动手了



据 2014 年 6 月初媒体报道，融创已经派了两位高管进驻绿城，一位是融创中国副总裁兼首席财务官黄书平，任绿城中国执行总经理，另一位是融创集团副总裁兼杭州公司董事长陈恒六，孙宏斌将自己核心团队中的两位干将派到绿城，分别接管企业中最重要的财务和人事两块，"孙氏绿城"的打造已经开始了。

老孙动作确实快，自 5 月 22 日两家企业同时发布公告，宣布融创收购绿城 24.313% 股份，这也才过去一周多的时间。不过这样的速度才符合老孙的性格，既然决定要做，那就快速上手，其实对于企业来说，调整越快，内部震荡反而越小，风险更可控。从先"抓钱"和"抓人"来看，我预测"孙氏绿城"的调整会有三部曲。

一、绿城总部架构的调整，我认为是最重要的，其核心是高管团队和要害部门领导的调整。一方面，孙式部队中的核心层将陆续接替绿城的高管团队；另一方面，我觉得对于总部具体各部门，老孙会尽量留用原绿城的专业管理团队，特别是一些绿城的特色部门，例如设计部等，利用好这些专业力量是绿城能够稳定发展的关键。

二、城市和项目管理团队调整。这个调整方式应该会与之前融绿的调整一致。融绿 2012 年成立时有 5 个城市 9 个项目，老孙只花了不到 100 天就完成了项目总采购线和营销线的调整，而且调整很成功，2013 年融绿的业绩就可以排名中国房企前 50。而今天绿城有 40 多个城市上百个项目，老孙将面临更大的挑战，全部换融创人马是不现实的，老孙可能参考融绿模式在最大限度保留现有团队的基础上做两方面调整，一是在重点城市和重点项目的管理团队做调整，二是对成本和营销这两块融创最擅长的对绿城做改造，这样既可以确保公司整体和各城市项目的平稳过渡，又可以有效把控重点城市和重点项目的进程。

三、就是业务方面的调整了，包括城市布局、产品线和营销三方面。在城市布局方面，绿城目前进驻 40 多个城市，显然不符合老孙运作融创的思路。但是考虑到很多城市依然有项目在运作，老孙应该会给予 1—2 年的时间做城市的梳理和调整，以便融入到他理想的轨道中去。在产品线方面，由于绿城产品定位中高端，与老孙目标定位基本一致，所以这方面不会有大动作。其核心的调整应该是将融创成本控制体系引入到绿城中来。另外，营销方面的调整，应该是老孙最拿手的了。融创的“狼性销售”会迅速替换绿城原有的销售模式，或将起到立竿见影的效果。

“孙氏绿城”的打造已全面启动，一年后我们会看到一个完全不同的绿城，至于是好是坏我们都没有评判的资格，一切都将交给市场去检验！

回顾点评

**2014 年 7 月 7 日，绿城半年会上，绿城融创系班底正式亮相。而我在此之前写的这篇文章中，所提到的三个方面与后来真正“动手”是完全一致的——架构调整、城市和项目管理团队调整、业务调整，也取得了比较立竿见影的效果。其中，“融创的狼性销售会迅速替换绿城原有的销售模式”一句话，确确实实起到了立竿见影的效果。**

# 绿城私有化？不可能也不可怕！



2014 年 8 月下旬，融创收购绿城股份事件平地生变的传言甚嚣尘上，传言称香港证监会质疑融创和宋卫平是一致行动人，如果融创想要将收购继续进行下去，那么需要执行全面收购要约，即将绿城的所有股份买下，那就意味着绿城将被融创私有化，而融创所需要付出的资金代价也将大大增加。而孙宏斌在绿城 2014 年上半年的业绩会时则表示，任何情况下都不会放弃收购绿城。寿柏年也表示，并购很顺利，预计交易 12 月份完成。

从孙宏斌坚定的语气可以看出其对收购绿城是势在必得，这从融创之前的运作举动也可见一斑。首先，早在 6 月初融创收购绿城事件公布不久之后，孙宏斌就将自己核心团队中的两位干将派到绿城，“孙氏绿城”的打造从那个时候就已经开始了。时至今日已过三个月，可以说融创入主绿城已经是箭在弦上，不可不发。其次，从会上孙总对于绿城未来发展的种种规划来看，其对绿城也已经非常用心。孙宏斌强调绿城未来主要做重点城市，未来拿地会更倾向于一、二线城市。这与融创此前的“聚焦重点区域”十分类似，可以看出孙宏斌正在潜移默化地改变着绿城。此外，我觉得以老孙雷厉风行的做事风格来看，认准了就会去做，不放弃也在意料之中。

如果真的被认定为一致行动人而要进行全面要约收购，将绿城私有化，对于融创而言也是利大于弊。虽然说短期内会增加融创的现金流出，对融创的资金链产生一定的考验，但是我认为不会有太大问题。按照此前的收购协议，融创将以近 63 亿港元收购绿城 24.313% 的股份，按照同样的价格计算，收购全部股份也不过 259 亿港元（约 205 亿元人民币），而融创 2013 年全年所新增的土地储备权益应付金额就有 268.62 亿元。2014 年全年融创的销售目标是 680 亿元，前 7 月已经实现 345.7 亿元。从销售规模角度来讲，全面收购也不会对融创产生太大的资金压力。

而收购完成之后给融创带来的好处却是大大增加。首先，从企业规模角度来看，如果实现全面收购，融创将成为下一个千亿元企业，一跃进入房企第一梯队，赶超华润置地、世茂房地产等企业。其次，如果私有化绿城，融创的全国化布局将会更加完善。此外，绿城的品牌影响力也将会为融创带来更多益处，尤其是在长三角地区，绿城的口碑将会为融创起到保驾护航的作用。

总体来看，不管传言是否属实，都无法阻止融创的步伐。如果真的被认定为一致行动人，对融创而言也未尝不是一件好事，届时我们将看到一个新的地产母舰。不过，我还是觉得融创被认为一致行动人的可能性不大。

回顾点评

**没有想到，所谓一致行动人真成为“绿城变数”的最大原因。**

# 宋公蓝城，超越绿城！

日期 2014 年 9 月 12 日 阅读量 8940 转发量 366

还记得 2014 年 5 月份宋卫平将绿城股权转让给孙宏斌之后，我专门写过一篇《绿城仍在，宋公不“休”》，半年之后，宋公的蓝城已现雏形，宋公没有停下一天的脚步，有绿城二十年之积淀，蓝城信心满满再上征途。

今天来看蓝城的架构，已经清晰地形成了三大板块：代建、养老、农业。每个板块模式清晰，更关键的是管理层基本全面到位，而据传香港资本化工作业已启动，蓝城完全已经不是一家初创公司的概念，超越绿城，我想应该是宋公的短期目标吧！

代建，宋卫平已经做了很多年，之前用的是绿城代建的名义，今天最大的特色是在保障房代建杀出了一条血路，在杭州做的保障房比一般企业的商品房还要好，奠定了宋公在保障房代建业的地位。

当然在传统商品房代建方面，蓝城应该吸取之前绿城代建的经验和教训，特别是在一些三、四线城市项目中，单纯追求产品品质，不考虑市场需求，不考虑成本投入，那一定是有问题的，相信宋总经历了多轮市场洗礼后，应该是涅槃重生了。

再看养老，标杆项目绿城乌镇雅园，应该说做得很到位，叫好又叫座，第一期 500 多套房源几乎售罄。其倡导的学院养老模式也受到业内外的追捧。尽管我个人对销售型养老地产并不看好，但乌镇雅园还是创造了一个奇迹，从这个角度来讲，宋总在养老地产业已经走在了前列。

蓝城的农业板块我了解不多，但是相信凭借宋总的品牌效应、大资金投入，做好农业应该也不是一件难事。

原先绿城的产品力已成为蓝城起跑的门槛和标准，之前在部分绿城项目销售中竟然用“绝版绿城产品”来吸引客户，昨天的绝版今天成为蓝城的开始，宋公对产品执着的追求确实是其他房企难以企及的。当然核心之核心，还是我之前所讲到的客户至上，把客户真正奉为上帝的房企实在太少，尽管很多房企学习了互联网理念后都意识到以客户为中心的重要性，但是只有宋公这么多年在不断践行，铁杆“绿粉”就是对宋公最大的赞许。拥有客户就拥有未来，这些客户将给蓝城带来美好的未来。

回顾点评

**今天来看这篇文章，感觉有点像是个笑话。本来是希望宋卫平在蓝城再干出一片天地，最终他还是放不下自己的绿城。看来蓝城在他心目中的地位，还是远及不上绿城。**

**而且从这篇文章来看，部分人说我是孙宏斌的“公关”，完全是无稽之谈。这篇文章明显就是宋卫平的“公关”嘛。**

# 我不相信老宋会回绿城

日期 2014 年 10 月 30 日 阅读量 6142 转发量 93

我不信老宋会回绿城。2014 年 10 月 29 日开始，朋友圈沸腾了，“老宋要回归绿城”，评论、猜测一堆，被所谓的“惊天传闻”刷屏了。看完之后，我也想讲几句：我不愿相信，也不能相信老宋会回绿城。

所谓老宋回绿城的几个原因，我来一一分析。

一、老宋后悔了。这种观点觉得老宋贱卖了绿城。卖绿城之时正是 2、3 月，杭州市场不好，对绿城打击很大，现在杭州的限购放开了，市场也回暖了，老宋后悔把“会生蛋的金鸡”卖了。在我看来，以老宋的地位，干不出这种事。

二、老宋眼红了。这种观点觉得老宋看到绿城现在在老孙的领导下运营得那么好，所以眼红了。很显然，老宋不是没见过世面的人，都快 60 岁了，怎么会眼红这些蝇头小利？

三、老宋妒忌了。这种观点觉得老宋的手下都不去蓝城，而是留在绿城，对老宋是打击。这我也不信，职业经理人跳槽到哪里都很正常，再说老宋也没有把手里绿城的股权卖完，这些职业经理人都是他一手培养出来的，能在绿城发挥作用再好不过了，老宋的气量不会那么小。

四、老宋着急了。这种观点觉得蓝城上市遥遥无期。但老宋本身退出绿城就是为了全力经营蓝城，如今蓝城刚有雏形，理应“慢工出细活”，再说蓝城的养老、代建也更符合老宋的性格，定能干出一番事业。就像褚时健一样，再次创业，十年磨一剑。老宋是耐得住寂寞的人，一定会把蓝城的事业做到位，而不是急于登陆资本市场。

所以，以上四个理由无一成立，让我们拭目以待，以当事人的口径为准。虽然到目前为止，收购绿城的交易尚未得到港交所批准，但我认为老宋和老孙共同开的新闻发布会已经代表了收购完成。无论前路有多坎坷，总是要大家共同去克服，而不是以此为借口改变做法，我也不相信这会是老宋本人的意思。

回顾点评

**本篇一气呵成，就是不希望老宋是因我文中的四个原因，想回绿城。你说是“高级黑”也可以。**

# 别让老宋回绿城演成一场闹剧

日期 2014 年 11 月 18 日 阅读量 6003 转发量 74

从 2014 年 10 月下旬市场传言宋卫平要回归绿城之后，短短 20 天的时间，事件愈演愈烈，逐渐有从肥皂剧演变成狗血剧的趋势。上周更是爆出匿名信举报事件，甚至有矛头直指宋夫人夏一波。昨天又有夏一波开发布会澄清匿名事件，还有绿城三执董罗钊明、郭佳峰、曹舟南写了“风雨与共，砥砺前行——与绿城人书”给全体员工。更搞笑的是，老宋、老孙尚未亲自对外发布任何消息，就有分属宋孙两派的媒体出来做传声筒，并逐渐从文字中出现火药味。一场纯粹的商业行为，已经成为闹剧，白白让业内看笑话，再闹下去各家失分。

该事件其实并不复杂，也就是老宋不想卖绿城了，不用管是什么原因，他有这个权利。只不过要回绿城，不是他一言而定，必须得到原买家融创老孙的同意，还需要得到九龙仓等其他股东的认可，并且得拿出相应资金，这应该是纯粹的商业行为。

从某种程度上讲，今天老宋要回绿城应该算是一件“家事”，关键在于我上述提到的各股东之间最终能否达成一致，能达成一致则不管去留毫无疑义，而这个达成一致的过程就是商业谈判，简单讲就是谈生意而已。而今天这桩“家事”已经被暴露于天下，大家有喜笑颜开点评，也有愤愤不平谴责，甚至我们这些“外人”在过程中分别站队，最终演变成一场“口水大战”。何必搞得又是道德谴责又是人身攻击，这样下去对谁都没有好处。绿城这么多年很不容易，专注产品、关心客户，形成了独特的口碑。当然绿城也有很多问题，包括管理上的、战略选择上的、成本控制上的等等。融创入主之后，绿城有很多起色。但也不是说融创销售出成绩就是一好百好，过去绿城就是一无是处。这不是简单的谁是谁非，“小孩子才分对错，成年人只看利弊”。这当中没有对错，只是模式差异、理念不同、文化殊异。

至于今天老宋该不该回去，老孙该不该放手，相信一百人有一百个答案的，同样也无对错。把它当一桩生意，事情会简单许多。既然如此，还不如大家都收声，做该做的，谈该谈的，最终老宋是回是走，交给老宋、老孙、老寿和九龙仓去决定吧。

回顾点评

**“别让老宋回绿城演变成一场闹剧”，不料却一语中的。**

# 宋卫平回归了，新绿城会如何



上周我刚刚写过不相信宋卫平要回绿城，其中驳斥了谣传的四个理由，当时认为都不成立。但是事件演变到今天，看来宋卫平回绿城已是铁板钉钉，其他理由姑且不论，“后悔了”是肯定的。今天我也不讨论宋卫平回去是对是错，就想讲讲老宋回去后，我对绿城的三个担心。

第一，团队的稳定性。5 月 22 日绿城宣布将出售 24.313% 的股权给融创，6 月初孙宏斌就派高管进驻绿城，开始对绿城进行调整。短短几个月，整个绿城有了飞跃发展，这是绿城团队的功劳。目前的绿城团队既包括原先绿城的部分高管，也包括融创派驻的新高管，是二合一的团队（孙宏斌、寿柏年、田强、黄书平、陈恒六、郑甫等等）。但是今天老宋回去，沿用这个班底已不现实，老孙、老寿肯定不会再冲在一线了，“孙家军”也不会在一个和融创没有股权关系的公司长期服务，原先没有跟着老宋去蓝城的老绿城人马也很尴尬。好不容易调整好的一个团队，真不希望看着它散。

第二，业务的持续性。一旦团队动荡，再加上市场波动，那么经历了年初下探、上半年重创、年中回稳和 8 月以来回升的绿城，会不会在年末再度掉头而下。回过头来看由此影响的股价走势，我倒认为已不是特别重要的事情（顺便说下，老宋回归消息确定后昨天绿城股价跌了 3.74%）。企业最忌讳不断折腾（绿城

2014年上半年总共卖了305亿元，融创接手以后的第三季度，就实现销售352亿元，回款235亿元），接下去能否继续保持很让人担心。

第三，绿城的未来。最近几年绿城已经历过多次折腾，2009年、2012年再加上2014年这次。前两次起伏，之后绿城都是又上台阶。但我认为，这些都是跟市场大环境有关的，黄金10年最终还是造就了绿城。但是进入2014年，行业格局发生改变，在这样的市场形势下，这次折腾之后绿城也许不会像前几次那么幸运。如果明年市场又出现波动，房子卖不动，怎么办？如果绿城的重镇杭州继续供大于求，怎么办？如果绿城重仓的三四线城市一口气还是缓不过来，怎么办？如果绿城的大量存货商办物业无法变现，怎么办？如果绿城高置不下的成本得不到根本的改变，怎么办？如果绿城公司还是不赚钱，那又怎么办？ 2009年有4万亿元，2012年有九龙仓，2014年有孙宏斌，那么2015年、2016年再碰到危机时还会有谁？

当然，对宋卫平我还是非常敬佩的（这次对孙宏斌更敬佩）。老宋的人文精神和理想主义，在今天的房地产企业家中尤为难得，他对产品的关注和对客户的关怀更是值得所有房地产大佬学习。但如果这一次他不能让绿城真正发生实质性改变，或亦是还让绿城走回原来的老路，那么这一次老宋真不应该选择回来。

回顾点评

**此篇是对老宋如果回归后新绿城的展望，核心观点就是：不看好！**

# 绿城“全武行”，最黑暗一天



昨天（2014 年 11 月 19 日）一天，应该算是“绿城日”。但这不是值得纪念的绿城日，从某种意义上说，是绿城史上“最黑暗的一天”。宋卫平回归绿城这个事件给人的感觉已经不仅仅是场闹剧了，甚至让人产生紧张感，隐隐约约又有种早已遗忘的某个时代“文攻武卫”的场景。

让我们回顾一下，昨天一天各类事件发酵的过程：

第一阶段：老宋发声。凌晨，宋卫平以一篇《我的检讨和反省》回应自己重返绿城一事。但从内容来看，不单单是表达自我的反省，更多感觉是在告诉大家绿城所托非人。而且最终也不是以自己署名发布，而是媒体第三方以整理老宋口述方式对外发布，这本身就很奇怪。

第二阶段：口水大战。整个上午，站在两方不同立场的自媒体开始互相“攻讦”，比较典型的有《宋卫平，你还欠孙宏斌和融创员工一个公开道歉》、《震惊！宋卫平被曝因赌博卖掉绿城：频繁去往澳门》等。

第三阶段：“武装夺权”。晚上 18 时，我们看到绿城发布新的任命书，免去田强绿城集团总经理一职，同时任命应国永为绿城集团总经理。而且据说绿城黄龙总部现场保安云集，气氛紧张，俨然演出了“武装夺权”的一幕。

第四阶段：团队反击。昨晚 10 点左右，以绿城总经理为首的经营管理团队发出联合声明，表明整个团队是通过董事会任命，程序合法，今天个别股东的单一要求并不能代表董事会的决定，并坚持继续运营下去。

第五阶段：大佬谈判。晚上 11 时，在田强声明发出同时，各方大佬终于云集杭州开始坐下谈判，几个主要股东（股东代表）孙宏斌、宋卫平、夏一波、寿柏年、周安桥都在玫瑰园酒店坐下沟通，事情闹到最后还得坐下谈，截至凌晨，尚未知道谈判结果。

就像我之前讲到的，这原本是一场很正常的生意，虽然当中出现问题，但完全可以通过生意的程序解决。今天的“武装夺权”也好，“联合声明”反夺权也好，最终都要根据股东会、董事会和公司的制度来判断有效与否。任何人都不能因为所谓的情怀、猜测、怀疑或者后悔作为其行事的理由。

回顾点评

**我在周二的微信中刚讲过，《别让老宋回绿城演变成一场闹剧》，不料却是一语中的。另外，我在 5 月写的《绿城仍在，宋公不“休”》这次也都应验了。**

# 新绿城2015年可能面临五大危机



2014年12月19日上午绿城、融创先后发出公告，已于18日签订终止绿城股权出让的协议，这意味绿城将再次姓“宋”。反正钱的问题日后自有分晓，还是先来分析一下“宋氏”绿城2015年将会面临哪些方面的“危机”。

一、股价危机。终止协议公告当天绿城股价下降10%，股价下跌就说明投资人对新绿城未来相当不看好。从这点来看，股价下跌带来的挑战最大。

二、团队危机。绿城姓“宋”了，现在的孙宏斌团队（田强、黄书平、陈恒六、郑甫等等）都要离开，另外融创7月入主绿城以来，不断在对老绿城做架构调整，特别是项目公司层面和营销体系等。现在要再调回去，这个折腾可不小，而且刚折腾完一轮，又要折腾第二轮，团队稳定方面也将大受影响。

三、销售危机。如果融创的狼性销售少掉，再加上市场可能也会出现一些其他调整，那么2015年对新绿城来讲，销售将面临大挑战，这点估计新绿城会完败。

四、模式危机。之前融创用了半年时间对绿城做了全面梳理。在这种情况下，融创根据市场情况做了相关业务模式的调整。当时的部分操作，宋卫平还作为攻讦孙宏斌的理由，今天如果为了面子，不顾市场全面都上，对公司本身来讲也会面临巨大的危机。

五、资金危机。终止收购后，老宋等一夜之间从大富翁又成为了超过 50 亿的“大负翁”。天下没有无成本的借贷，这些钱未来还是要通过绿城的盈利、分红来还。2015 年绿城资金压力不小，特别是春节前这个节点。

当然办法总比困难多，绿城自身还是一家优秀的房企。今天我还是想提几句逆耳忠言，希望新绿城能够走得更好。

建言一：老宋再也不能去澳门了。除了不能去澳门，也不要再去澳洲、拉斯维加斯等任何涉赌的地方了，包括一些网上的“赌场”也要全都切断。

建言二：老宋再也不能做一言堂了。率性而为、理想主义是老宋自己的标签，但毕竟今天是在做企业，而且是公众公司，领导人一方面不能随便乱讲，另一方面也不能不听别人讲。

建言三：要把新绿城当做新的一次创业。把过去的荣誉和成绩全都抛开，当成一个全新的创业公司去做，更关键的是从上到下要有这样的心态，才可能杀出一条血路。

建言四：管理团队该换血了。这么多年来绿城优势巨大，但是短板也很明显，管理团队大都是老人马，企业应该取长补短，吸收新鲜血液加入。

建言五：打破原先的利益链。老绿城最大的问题是成本畸高，做到后面都不赚钱。既然明知道当中有这样一个利益链在其中蚕食，今天更应该把它彻底打破。

当然，五大危机只是提醒，建言也只是个人意见，在这里还是要给宋卫平和新绿城以良好的祝愿，希望他们 2015 年一切都好！

回顾点评

**绿城最终在此文发表一天后即改嫁中交建，但折腾并不会停止，危机预测和五大建言依然有效。**

Part 04

万科

# 万科“事业合伙人”打响了第一枪

日期 2014 年 5 月 30 日 阅读量 8111 转发量 383

2014 年 5 月 28 日，万科“事业合伙人”计划终于落地。盈安合伙代表 1320 名事业合伙人，用约 3 亿元购入万科 A 股股份近 3584 万股，占总股本的 0.33%。这标志着万科的事业合伙人全面启动。从最初公开提出这个想法到开始动手，前后大概就 100 天，看得出来万科的这个计划已经酝酿已久，堪称自 2004 年 MBO 被叫停之后最漂亮的一次行动。这对万科和当前低迷的中国楼市都有重要的意义。

第一，对万科发展的意义。万科是一家没有老板、全靠职业经理人“自觉奋斗”而成就的世界第一大房企，相比他们获得的成就来说，这个薪酬水平对这些高级职业经理人的当前激励作用有限。今天能够通过合伙人（股东）的激励模式，把管理层和公司的未来发展捆绑在一起，相信会对万科以后的进一步发展具有至关重要的意义。

第二，对行业未来的意义。万科的这一举动有助于重振企业在当前环境下再攀高峰的信心。万科 2013 年 1700 多亿元的销售业绩和中国房地产 2013 年的高点同时到来，对于房地产行业容量已触及天花板，这点相信已无异议。如果作为行业标杆的万科能再上台阶的话，那么也将点燃包括另 6 家千亿元企业在内的众多规模房企未来再上一层楼的信心。

第三，对当前市场的意义。万科的收购行动对当前低迷的市场是一针强心剂。大家都看到，这段时间市场开始调整，业内普遍认为这次调整相对前三次（2005年、2008年、2011年）来说，力度要大得多，甚至有专家认为未来市场的量价都会一路往下。万科的这一举动对当前市场稳定有巨大作用。随着万科股价或因此受到支撑，整个市场的信心也可能因此得到一定程度的恢复。

从目前情况来看，虽然这次万科购入股份的金额达到了3亿元，涉及近3584万股，1320位合伙人参与，绝对数字都不算小，但是相对万科庞大的规模和总股本来说，（股份占总股本0.33%，员工占万科员工3.74%）这只是万科事业合伙人计划的一小步，之后的步伐会更快。万科继续做着世界第一的规模房企，但我相信万科更想做一家最会赚钱的超级房企。

**万科股权结构**

| 股东 | 持股比例 |
|---|---|
| 华润股份有限公司 | 14.94% |
| 刘元生 | 1.21% |
| HTHK/CMG FSGUFP-CMG FIRST STATE CHINA GROWTH FD | 1.01% |
| 全国社保基金一零三组合 | 0.96% |
| 中国民生银行—银华深证100指数分级证券投资基金 | 0.87% |
| 中国建设银行—博时主题行业股票证券投资基金 | 0.82% |
| 中国人寿保险股份有限公司—分红—个人分红-005L-FH002深 | 0.75% |
| 中国太平洋人寿保险股份有限公司—分红—个人分红 | 0.75% |
| 南方东英资产管理有限公司—南方富时中国A50ETF | 0.73% |
| 中国工商银行—融通深证100指数证券投资基金 | 0.68% |
| 盈安合伙 | 0.33% |

注：前十大股东数据来源为公司2014年一季报。

回顾点评

**截至12月8日，万科在年末的“疯牛”中股价一路上涨，从合伙人实施当天的8.45元，上涨到12.30元，涨幅达到46%，2014年的整体涨幅也已经达到了53%。**

**相关文章链接**

2014年3月25日 房企的“中国合伙人”

# “全民经纪”，万科请慎言



2014 年下半年之后，房地产开发企业突然卷入了“全民经纪”狂潮，仿佛这个成为了挽救市场的“神器”。本来因为本人任职关系，不方便对此过多评论，但 8 月份看到了西安万科发布的对实施“全民经纪”一月后的宣传文章，如鲠在喉，不吐不快。

在一开始的，房地产开发企业尝试“全民营销”都是把全民经纪人定义为社会上的普通个人，他们每个人都可以为房地产开发企业的项目介绍客户，并获取佣金。这样的一种定义，是为了避免和行业约定俗成“经纪人”定义的混淆，让更多的普通群体参与到开发商销售带客中，给项目带来更多的意向购房者。即使如此，也还是不可避免影响到中介和代理行业，事实上业内人士成为了“带客”的主力军，这样一种模式自然受到行业内众多批评，比如我的同事臧建军的文章《全民营销好经不要念歪了》就直指其要害。

但这次西安万科索性直接把这一张“遮羞布”也给扯下了，将全民经纪人直接称呼为房产经纪人，宣传稿中直接写道：“过去一个月是西安数万名房产经纪人的节日，西安万科对民间房产经纪人敞开胸怀，高举现金、高额提成、快速兑现、特别优惠等大旗，将经纪人纷纷招至麾下效力。上线 20 天经纪人注册 10150 位，推荐客户 2029 组，成交额达 2560 万元，满城尽是万科人。”

相信通过一月运作，西安万科也明白这些“经纪人”多数都是中介门店经纪人或销售案场置业顾问，所以宣传稿中也直接称呼“房产经纪人”了。如果今天西安万科就是要这种模式，那和鼓励“飞单”有什么差异，说得再难听点，这不就是在挖别人的墙角吗?!

当然今天“全民经纪人”包括所谓的“万客通”并不是不能做，而且我还觉得房地产开发企业非常应该利用这些平台和工具做好营销拓展，只不过应该在做的过程中讲一些原则，设一点底线，“全民经纪人”对象应更加明确为三种人：首先是“老客户”，实际上“老带新”是诸多楼盘和品牌开发商营销的利器，今天用一套规则来明确“老带新”，给予相应奖励，提高营销效率，何乐而不为。其次，是真正意义上的“独立经纪人”，因为今天经纪公司门槛较低，独立经纪人已成为市场中的重要力量，对这个中介群体来说，全民营销完全合适。第三个对象群体是万科的各个合作伙伴员工，但中介代理除外。合作伙伴参与了万科的项目，既熟悉又热爱，推荐客户成功率也较高，自然也可以成为带客的补充，但这类群体中要严格把中介代理合作伙伴区隔出去。

万科作为中国房地产行业的龙头和标杆，一直是我最敬佩的地产企业，应该在每件事上都慎言慎行，继续做好我们的榜样！

**相关文章链接**

2014 年 8 月 20 日　西安万科，请真诚地说“对不起”

TALKS **大家说**

# 解构万科，“骂她看她笑话山寨她”

丁祖昱：**从本周起，我们每周评论一家房企：有爆料，有吐槽，更有深度分析。万科作为房地产行业的龙头老大，必须放在第一个。**

Rainbow：你们都别说话，让我一个人默默吐槽几分钟。第一，万科是一家乐于被吐槽的房企，因为他们的神逻辑是被吐槽 = 大佬。第二，万科是互联网地产的稻草，只有万科的牌坊在，他们的故事才能继续。第三，还觉得万科的三俗炒作是一种创意，不适合呆在一线城市和东南沿海二线城市了。

舅舅：**万科不错的。对乙方用过，爽过，就踢开。反差太大：身边买过万科房子的哀嚎一片，跑万科线的记者颂扬一片，网络上文章牌坊一片。**

处女座豪宅砖家：以前说起万科，第一反应是房子好，物业好。现在呢，最烂的地最贵的价，房子很一般，物业还可以，广告太 LOW（低水准），整齐划一的 LOW 逼广告，实在不明白怎么做到的。

二叔：**正经地说，万科能玩的是很多公司会玩砸的。在统一战线上，万科行动还是非常一致的，因此市场多少还会因万科而颤动一下，我觉得还是因为树大招风。吐槽也是一种爱，万科黑里有爱在，黑转粉分分钟的事！**

MISS 晓庆：你们这些“高富帅”，怎么能理解“屌丝”被万科洗脑的点。买不起绿城、星河湾，只能买个还有点品牌逼格的。

爱野：**所以说，万科走的是小米套路，这个意思，对么？**

众人：很对。

Rainbow：**你要炒你自己去炒好了，自己暗爽就算了，还要自夸炒作手段是互联网思维，是要带坏整个行业风气吗？**

Rainbow：**买之前是“买到了幸福好开心”，买之后就是“楼上那个‘屌丝’听最炫民族风不能轻一点吗”？**

丁祖昱：你们两个，黑够了没有，其实万科还是关注产品的，他们的房子曾经是最少漏水的。

爱野：我一直在想，是不是这个行业的问题，大家忙着卖房子，没有人像万科一样在卖概念，他们很容易就做到了“龙头”。有一点很重要，万科全员都有一种精英意识，人人都当自己是媒介。

飞嘟嘟：上海万科也正在玩高端啊，翡翠还是可以的，从五玠坊开始，他们整个产品线已经有提升了。

丁祖昱：张江的 NEW PARK 值得期待。

Rainbow：万科总是“产品还未动，舆论已先行”。改编一句话送给万科：“给自己多少赞美，就要经得起多少诋毁。”

21 童颜美女：万科为什么要在全国各地都搞郁亮见面会？

爱野：我认为，毛大庆事件之后，郁亮有危机感，觉得自己媒体关系不够好，局面很被动。于是乎，发起了一场声势浩大如超女快男一样的各地巡回演出。

丁祖昱：看来对于万科的吐槽还是集中在宣传上，其他呢？毕竟老大还是很不容易的。

处女座豪宅砖家：我仔细思考了一下这个组织，主要在于规模优势，别的东西随着组织的庞大已经很难再有什么特别的了，以及这么大的组织能够保证正常运转不出大错的组织力。公司到了这个地步更多的是组织上的挑战。

丁祖昱：没错，万科能做到今天自有他的成功之道，至少在千亿房企当中是风险最小的企业之一，也是系统化相对最完善的企业之一。

不知道：观察过万科过去十年的财务数据，基本都在小幅度内波动，正面说是稳健，反过来看就是丧失很多更上一层楼的机会。

爱野：每一步都走得十分艰辛，老大位置保持这么多年，有许多值得学习的地方。我倒是认为，批评也是他们的动力，万科今天的地位，并不介意被批评，他们更关心，有没有被关注。

爱野：房企看万科就像后宫看甄嬛，爱她恨她看她笑话她山寨她模仿她想办法弄死她！

Rainbow：我觉得万科什么都做，背地里做银行、旅游地产，但表面只能搞点所谓互联网思维的营销，大提概念。城市配套服务商，你好歹为城市做点什么？连个区域商业都好意思宣传这个概念。

丁祖昱：万科还是很努力地想转型，但由于跳不出房地产，也找不到相关产业有千亿元规模来真正补充他们原有的主业，所以就处在口号喊出了，脚却迈不出的尴尬境地。

众人：男神说得对！就是这个 feel！

丁祖昱：毕竟老大还是真的不容易的！其实大家吐槽那么多，都是因为万科是房地产行业的风向标，他们的一举一动都影响着我们，我们都希望万科越来越好，房地产行业也能更好！

Part 05
其他

# 阿里上市与杭州楼市

日期 2014 年 9 月 22 日 阅读量 11699 转发量 427

2014 年 9 月 19 日阿里巴巴终于在纽交所上市，上市首日收盘报 93.89 美元，上涨 38.07%，按照收盘价计算，阿里巴巴的市值目前已经突破 2314 亿美元，成为中国最大互联网上市公司，市值接近百度与腾讯之和，在全球 IT 企业中仅次于苹果、谷歌、微软。

除了诞生了马云这个中国首富之外，阿里还诞生了上万个百万富翁：阿里集团共约 35000 名员工，其中约 11000 人可获得股份，绝大部分位于 3000—30000 股区间。根据估算，理论上可产生的“千万级富豪”约为 1200—1500 人，“500 万级”的大约 2500—3000 人，“100 万级”的大约 4000—4500 人。羡慕嫉妒恨已经不需要了，我们今天来聊一下阿里上市对杭州楼市的影响。

1. 阿里上市对杭州楼市信心提升有巨大作用。在阿里上市前的 8 月份，杭州楼市因为限购全面放开已经有了良好表现。（是否杭州限购放开就是为阿里上市后众多百万富翁再购房做准备啊？）上市后股市的良好表现更为 2014 年以来压力重重的杭州楼市打上了一针强心针。光马云一个人的财富就有 219 亿美元，相当于整个杭州 2013 年全年的销售额。而这次杭州一夜之间产生如此多的百万富翁，也一定会对当地楼市产生积极的影响。

2. 阿里上市对杭州部分区域和项目具有巨大的推动作用。我们房价点评网（fangjiadp.com）杭州站梳理后发现，有三大类项目受益良多。一种是原来受到阿里高管青睐并大量入住的豪宅，比如大华西溪风情、绿城桃花源等项目。第二类是离阿里办公地点较近的各家楼盘，阿里员工也会积极购买。第三种是杭州中心城区的高端项目或环境特别好区域内的别墅项目。以上三类项目已经开始大打特打阿里牌了，但凡有阿里人购买，必会被大书特书，可能会影响整个楼盘的销售形势。

3. 接下去要开盘的高端或中高端项目也将长期受益。除少数高管外，阿里大多数员工的股票或期权都要在 3 个月限售期（期权行权条件各不相同）后变现，因此大多数员工要在半年之后才陆续有“购房资金”。所以，2014 年底，2015 年初要开盘的项目要充分做好准备，事先必须做好针对性推广，迎接来自阿里的“土豪”，这对于项目来说才是至关重要的。另外，未来每一年，一般情况下阿里还会继续给员工发期权，从理论上来讲，来自阿里的购买力是源源不断的。

当然，杭州的开发商还是要清醒地认识到，阿里也就 3 万多员工，不可能将楼市所有希望都寄予阿里员工上。截至 2014 年 8 月底，杭州商品住宅存量还有 9 万多套，即使今年阿里人人手一套也不能解决杭州库存问题，能借助阿里东风提高去化已是上上大吉！

回顾点评

**阿里拯救杭州楼市，但阿里巴巴也就这一家。**
**截至美东时间 12 月 8 日收盘，阿里巴巴市值约 2640.43 亿美元，较上市首日收盘市值增加 14%。目前阿里巴巴的市值在中国上市企业中位列第一，在全球也仅次于苹果、微软、谷歌等企业，位列第九名。**

# 跑步

## 跑步就是快乐

2014 年初地产刮起了一股跑步之风，更多的房地产从业者投入其中，我也就此开始了自己的跑步生涯，一发而停不下来。跑步已然成为我个人最新的一个爱好，并使我从中获益最多。

跑步就是快乐。就像儿童歌曲《跑步就是快乐》中反复唱到的那样：跑步真是快乐，越跑越有劲。从理论上讲，跑步会使人体产生内啡肽（endorphin）和多巴胺（dopamine）这两种能传递兴奋的物质，让人更快乐、更幸福。

当然，我们也可以把跑步想象得更简单一点。跑步，既能够在当前的环境下每天出一身汗，用半小时或一小时就可以放松大脑，不去想任何繁杂的事情，做到完全放空自己，又可以结识很多朋友，发现更多的美好。通过跑步，我从另一个层面重新认识了很多地产圈的老朋友，比如：协信地产 CEO 刘爱明、万科集团高级副总裁毛大庆、中国海外发展副总裁曲咏海等，我为大家有共同的爱好而开心，也愿意与大家一起分享跑步为我们带来的快乐。

如果一个爱好能够为你带来快乐，那么这个爱好才能持久，并最终成为你的一种习惯。对于我个人来说，红酒代表着偶尔为之的品位生活，网络小说意味着利用碎片时间放松大脑，而跑步现在已经成为我一项必不可少的“工作”，哪天没有跑步，就是当天一项任务没有完成。

一年跑下来，我对跑步也有了一些其他的理解。首先，不管跑程多远，跑步者一般都会遇到瓶颈，但只要克服了，跑过去，就又是一片全新的天地（当然有心脑血管疾病者不要勉强），这与做事业或工作何等相像。其次，跑步是在不断地超越自我，我从一公里用时六分多钟气喘吁吁，到目前跑一公里只要轻轻松松五分钟；从跑个三公里抬腿就累，到今天跑完半程马拉松可以立刻上班，这实际上就是一个不断超越的过程，就像《天生就会跑》这本书里所讲的那样，跑步对很多原来的运动“落后分子”来说并没有障碍，半年或者一年的跑步训练后，他们取得的成绩常让那些优秀分子惊叹。最后，跑步不等于马拉松，但我认为马拉松是跑步中最精彩的一部分，马拉松对任何人来说都是挑战，不仅需要平时不断的积累，而且要靠比赛时强大的意志和信心坚持到底。做事业也是一场马拉松，不坚持到最后一刻不会取得成功。

2014 年 11 月，我在上海跑完了半程马拉松。而 2015 年，我将开跑我人生的第一次全程马拉松。相信这一 2014 年开始的新爱好，会继续陪伴我终生。

## 世界马拉松大满贯

网球界有“四大满贯”之说，而马拉松赛则有“六大满贯”。

马拉松“大满贯”是国际田联于 2006 年推出的包括英国伦敦，德国柏林与美国

如果一个爱好能够为你带来快乐，那么这个爱好才能持久，并最终成为你的一种习惯。

波士顿、芝加哥和纽约五个世界上最有影响力的马拉松赛，2013 年开始又加入了日本东京马拉松，成为了六大满贯。

### 波士顿马拉松 ➜ 全球跑者朝圣的殿堂

波士顿马拉松始于 1897 年 4 月 19 日，是全球首个城市马拉松比赛，当时只有 15 位跑者参加。虽然 2013 年的波马不幸遭到了恐怖袭击，但这里仍然是全世界马拉松跑者向往的朝圣之地。

波马的赛道是全世界最古老的赛道，但起伏较大，很难出成绩，特别是在 25 公里到 34 公里爬升 600 公尺的牛顿山丘，对参赛者而言，这是最难熬的“撞墙”期，因而这段路程也被称为“心碎坡”。

### 纽约马拉松 ➜ 规模最大的城市嘉年华

创办于 1970 年的纽约马拉松的声誉仅次于波士顿，参赛者最多曾超过 10 万人，通过纽约大吊桥时连桥身都震动，场面非常壮观。

纽约马拉松最初的路线是绕着中央公园跑 4 圈，1976 年，为了庆祝独立宣言通过 200 周年，路线改为穿过纽约各区，象征着不同种族、文化的融合。与波士顿的精英风格不同，纽约马拉松更加亲民，但由于每年报名人数太多，只能采取抽签的方式来决定参赛名额。

### 伦敦马拉松 ➜ 一场最大的慈善活动

伦敦马拉松既不是参赛人数最多的，也不是赛会纪录最快的马拉松，但它却是一场全世界最大的慈善活动。从 1981 年创办至今，它已经募集了近 6 亿英镑的慈善捐款，每年参加伦敦马拉松的人当中有三分之一的跑者是为慈善奔跑。

伦敦马拉松起点设在格林尼治公园，跑者们从东半球跨越格林尼治线到西半球，并沿途经过伦敦塔桥、大本钟、白金汉宫等多处著名景点，路线曲折，但没有太多起伏。

### 柏林马拉松 ➜ 世界上最快的马拉松

成立近 40 年的柏林马拉松，曾诞生过 6 个世界纪录。1998 年，巴西人达・科斯塔以 2 小时 6 分 50 秒的成绩打破了沉寂 10 年的男子马拉松世界纪录。2001 年，日本选手高桥尚子成为第一个突破 2 小时 20 分钟大关的女性。

选手们在柏林马拉松屡创佳绩，主要得益于柏马的路线设计，除了中途和终点前的两个坡道外，柏林马拉松的赛道都很平坦宽敞，而且路线相对笔直，这样的赛道对高手来说非常容易出成绩。

### 芝加哥马拉松 ➔ 一场完美的城市马拉松

芝加哥马拉松除了和柏林马拉松一样，因为其超级平坦的赛道而成为世界上著名的“快速马拉松”之外，也以其优秀的赛事管理以及对普通选手周到的照顾，而建立起了自己在世界马拉松中的地位。

芝加哥马拉松的赛道是环形路线，起点和终点都在位于密歇根湖畔辽阔的格兰特公园。这条路线穿越北、中、南 29 个街区，从市中心的摩天大楼到不同种族的聚居区，充分展示了芝加哥的迷人之处。

### 东京马拉松 ➔ 顶级服务和顶级观众

东京马拉松的历史并不悠久，是六大赛事中的新丁，但它却以完善的流程、热情的服务以及整个东京全民总动员的热情而闻名。

东京马拉松的路线经过市中心最热闹的旅游区和商业区：浅草、日本桥、银座等，而在比赛的当天，有超过 200 万名观众聚集在赛道两边为参赛选手加油，并给跑者送去各种美食和补充能量的糖、巧克力等，气氛非常热闹。而沿途各种奇装异服和群众自发的表演也是东京马拉松的一大看点。

## 中国四大马拉松

### 北京国际马拉松赛

北京国际马拉松赛即全国马拉松冠军赛，是我国最高水平的马拉松赛，于 1981 年首办，每年一届，距今已经有 31 年。目前，北京国际马拉松赛已跻身于世界十大马拉松赛之列。

### 厦门国际马拉松赛

国内四大马拉松赛之一，全国马拉松锦标赛，创办于 2003 年。2007 年 12 月被国际田联评为“国际田联路跑金牌赛事”。

### 上海国际马拉松赛

作为国内四大马拉松赛之一，上海国际马拉松赛起始于 1996 年，比赛规模逐年扩大，2014 年参与人数已达 1.8 万人。

### 大连国际马拉松赛

从 1987 年开始，大连万人国际马拉松赛至今已连续成功举办了 22 届，是国内历史最悠久的马拉松赛事之一。

**2015 年全国马拉松及相关运动注册赛事日历**

| 中国田径协会<br>2015 年全国马拉松及相关运动注册赛事日历<br>（发布于 2014.12.1） | | | | | | | |
|---|---|---|---|---|---|---|---|
| 时间 | | 赛事名称<br>（带 * 号赛事为 CAA 参与共同主办的赛事） | 地点 | CAA 认证 | | IAAF | AIMS |
| 月 | 日 | | | 赛道 | 赛事 | | |
| 1月 | 3 | 厦门国际马拉松赛 * | 厦门 | √ | A | 金标 | √ |
| | 11 | 富力海口马拉松赛 | 海口 | | | | |
| 3月 | 14 | 昆明高原国际半程马拉松赛 * | 昆明 | √ | A | | |
| | 15 | 无锡国际马拉松赛 * | 无锡 | √ | A | | |
| | 21 | 重庆国际马拉松赛 * | 重庆 | √ | A | | |
| | 22 | 福州 12 小时超长马拉松赛 | 福州 | | | | |
| | 29 | 郑开国际马拉松赛 * | 郑州、开封 | √ | A | | |
| | 29 | 苏州金鸡湖国际半程马拉松赛 * | 苏州 | √ | A | | |
| 4月 | 19 | 扬州鉴真国际半程马拉松赛 * | 扬州 | √ | A | 金标 | |
| | 26 | 黄河口（东营）国际马拉松赛 * | 东营 | √ | A | 银标 | |
| | 26 | 兰陵半程马拉松赛 * | 兰陵 | √ | B | | |
| | 待定 | 北京国际长跑节 * | 北京 | √ | A | | |

（续表）

**中国田径协会**
**2015 年全国马拉松及相关运动注册赛事日历**
**（发布于 2014.12.1）**

| | | | | | | | |
|---|---|---|---|---|---|---|---|
| 5 月 | 17 | 营口鲅鱼圈国际半程马拉松赛 * | 营口 | √ | A | | |
| | 31 | 丹东鸭绿江国际马拉松赛 | 丹东 | √ | | | |
| | 31 | 秦皇岛马拉松赛 * | 秦皇岛 | √ | A | | |
| | 待定 | 大连国际马拉松赛 * | 大连 | √ | A | | √ |
| 6 月 | 13 | 兰州国际马拉松赛 * | 兰州 | √ | A | 铜标 | √ |
| | 28 | 贵阳国际马拉松赛 * | 贵阳 | √ | A | | |
| 7 月 | 19 | 张家口康保草原国际马拉松赛 * | 张家口 | √ | A | | |
| | 待定 | 凉都六盘水夏季国际马拉松赛 * | 六盘水 | √ | B | | |
| 9 月 | 5 | 和龙国际半程马拉松赛 * | 和龙 | √ | B | | |
| | 19 | 衡水湖国际马拉松赛 * | 衡水 | √ | A | | |
| | 22 | 贵州黄果树国际半程马拉松赛 * | 安顺 | √ | A | | |
| | 26 | 云南水富国际半程马拉松赛 * | 水富 | √ | A | | |
| | 待定 | 太原国际马拉松赛 * | 太原 | √ | A | | |
| 10 月 | 18 | 北京马拉松赛 * | 北京 | √ | A | 金标 | √ |
| | 25 | 连云港徐圩国际马拉松赛 * | 连云港 | | A | | |
| | 25 | 合肥国际马拉松赛 * | 合肥 | √ | A | | |
| | 待定 | 天津国际马拉松赛 * | 天津 | √ | A | | |
| 11 月 | 1 | 杭州国际马拉松赛 * | 杭州 | √ | A | | √ |
| | 6-8 | 贵州环雷公山超 100 公里跑国际挑战赛 * | 黔东南 | √ | B | | |
| | 8 | 西昌邛海湿地国际马拉松赛 * | 西昌 | √ | A | | |
| | 20 | 海口国际沙滩马拉松赛 * | 海口 | √ | B | | |
| | 待定 | 上海国际马拉松赛 * | 上海 | √ | A | 金标 | √ |
| | 待定 | 广州马拉松赛 * | 广州 | √ | A | | |
| 12 月 | 12 | 南宁国际半程马拉松赛 * | 南宁 | √ | A | | |
| | 20 | 海南儋州国际马拉松赛 * | 儋州 | √ | A | | |
| | 待定 | 深圳国际马拉松赛 * | 深圳 | √ | B | | |
| | 待定 | 珠海国际半程马拉松赛 * | 珠海 | √ | A | | |

备注：

1. CAA 特指“中国田径协会”；IAAF 特指“国际田径联合会”；AIMS 特指“国际马拉松及公路跑协会”。
2. 根据 CAA 最新公布的《中国境内马拉松及相关运动赛事管理办法》，所有注册赛事均可登上 CAA 注册赛事日历，且可申请赛道认证及 A/B 类赛事认证。所有经中国田径协会 A 类认证的赛事，其比赛成绩可进入全国大数据排名范畴，具体排名详见中国马拉松信息平台。

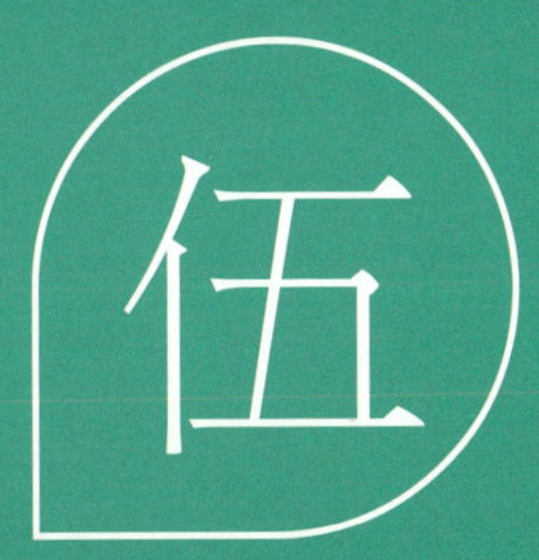


# 企业篇

上海是除广深之外房企最集聚的城市，根据我的观察，归纳了上海房企的三大特征。一是国企、民企平分天下，二是上市房企集聚，三是“迁都”而来的房企最多。

Part 01
总篇

# 别占着茅坑不拉屎
## ——评央企“退房”



据 2014 年 4 月中旬媒体报道，国资委正推进新设国有资本运营公司，当中提到房地产央企将成为本轮改革的主体之一。报道中还提到，如果相关改革能顺利完成，将加快 78 家央企退出房地产的步伐。

房地产央企的整合工作最早开始于 2004 年 6 月，至今已近 10 年。2010 年国资委确定了中国建筑、中国房地产开发集团、保利集团、华侨城集团、中国中铁、中国铁建、中化集团、中粮集团、中冶集团、五矿集团、中国水利水电建设集团、葛洲坝集团、港中旅集团、招商局集团、华润集团和南光集团 16 家以地产为主业的央企名单，2011 年初鲁能集团、中航工业、神华集团、中煤集团和新兴集团获批保留地产业务，使允许从事房地产业务的央企扩编至 21 家。

2010 年 3 月国务院国资委宣布，78 家不以房地产为主业的央企退出房地产业，并要求这些企业在 15 个工作日内制订退出方案。但是至今 4 年过去了，这 78 家央企经历各方面的调整后，真正意义上退出房地产业的少之又少。究其原因，主要还是 2010 年之后房地产行业经历了一个快速发展的过程，同为央企的中国海外、保利地产等企业销售规模 2013 年销售额突破千亿元，华润置地、招商地产、中国中铁、中国铁建等公司也是业绩增长显著。

对于78家央企而言，房地产业务虽非主业，但是业绩贡献较高，加上错综复杂的利益和人际关系，更使得这些企业对房地产业务难舍难弃，因而和国资委玩起了太极推手游戏。但是国有资本运营公司设立后，如果按照产业性质划分进行管理，非房地产主业的央企“退房”将势在必行。

其实从目前情况来看，其他央企从事房地产业务并无优势，不仅仅是78家非房地产主业的央企。从2013年中国房地产企业销售TOP50排行榜来看，21家以房地产为主业的央企也仅8家进入50强，神华、中煤等央企早就被挤出主流房地产企业之列，在行业当中无所作为。随着房企集中度越来越高，其他央企继续留在房地产领域已经无任何意义，应该加快退出步伐。

但是即便如此，让这些央企自己主动真正退出房地产领域，还是很有难度。既然这些企业留在房地产行业中也是鸡肋，那何不让排在前列的房地产央企把它们兼并掉呢，之前中海和中建的合并就相当成功。希望在国有资本运营公司正式成立之前，政府做一下这方面的行政管理工作，等到运营公司正式成立之后，留下的房地产央企才是真正能够持续运营的、在行业和市场中真正有竞争力的央企。

回顾点评

**央企占了中国房地产好大一块，但不能每家企业都去占位。该退的就应该快退！**

# 福建房企点评

日期 2014 年 8 月 6 日 /2014 年 8 月 7 日 阅读量 11176 转发量 543

近两年来，在全国房企中，福建房企是最受关注的群体之一。在 2014 年上半年 TOP50 排行榜中，阳光城、中骏、融侨、泰禾、正荣、融信、金辉均位列其中。如果把出自福建的世茂、旭辉和世纪金源也算上的话，更是达到了 10 家。在福建房企中，福州和厦门还是泾渭分明的，两地的文化造就了不同的企业。

## 厦门两大阵营逐鹿上海

厦门的房企可分为国企和民企两大阵营，其中国企力量相对更加强大。建发是厦门国企中的老大哥，建发地产和联发集团是房地产开发的经营主体。建发 10 多年前就进入了上海，另外还进入了成都、长沙、重庆、武汉、天津等 18 个城市，2013 年销售额达到 185 亿元。无论是产品品质还是企业运营，建发都在厦门乃至整个福建位居前列。和它同级别的厦门国贸，2014 年上半年也在上海拿地，而且一下子在松江拿了 3 幅地块，总金额达到 27 亿元。

厦门的民企由于资源方面所限，一直被国企压过一头，但这反而促使它们更快地走全国化战略，全国化的脚步领先国企一筹。宝龙地产合约销售约 94 亿元，目前的 53 个项目分别于 25 个城市，拥有土地储备 1100 多万平方米。2014 年上半年，在上海宝山罗店以 1.24 亿拿下 1 幅商业块地。禹洲地产是一家相对比较低调的公司，有厦门的“隐性首富”之称，2004年就进入了上海，但可惜没有抓住那一轮的发展机会迅速做大。另外，中骏和明发分别在2013年和2011年进入上海，2013年11月，中骏以35.79亿元获得虹桥商务区项目。

厦门可能与上海特别有缘，气质上也非常相符，因此厦门房企都把主战场放在了上海。厦门的两大阵营也将在上海延续他们的“竞争”。

### 福州企业猛龙过江

总体来看，福州企业有以下三个特征：

第一，投资方向较为趋同。除了大本营福州之外，福州企业都不约而同地把目光聚焦在长三角区域。其中，正荣和融信2013年强势进入上海、杭州、苏州等城市，奠定了未来以长三角为重点区域的战略布局。

第二，职业化进程正在加速。近几年，一部分福州企业已经把总部迁出了福州。其中，阳光城、升龙把总部搬到了上海，金辉把总部迁到了北京。此外，泰禾、正荣和融信也正酝酿着把总部迁出福州。这预示着福州企业的职业化进程正在加速。

第三，资本化程度相对较低。福州企业的资本化程度不如厦门的企业那么高。除了阳光城、泰禾之外，其他企业都还没有上市。但上市仍然是这些企业未来明确的方向。正荣、融信、金辉和升龙都在酝酿资本化，上市只是迟早的事。

时过境迁、物是人非。随着这些企业的总部陆续外迁，也许5年后再称呼这些企业为福建企业已经不合适了。

回顾点评

**2013年是福建房企最辉煌之时，2014年应该夯实基础，2015年再上台阶。**

# 房产央企谁掌舵是关键



谈到央企，给人的印象是财大气粗。事实上，一部分央企在地产业务板块运作也较为积极，除了保利、中海达到千亿元规模外，也有不少央企在中国房地产企业销售 50 强之列，如华润、招商、远洋地产等均占了席位。

由于在之前的文章中，已经对熟悉的央企有过分析，这次我们来重点谈下排名居前的其他几家央企，这些央企运作也十分有特色。

中信地产（属于国务院直管，不属于 16 家央企）在 2013 年放了一颗“卫星”，达到 445 亿元销售金额，但企业在 2014 年的销售压力则有点大。由于中信销售主战场在华南，而华南今年受市场影响较大，广深及珠三角区域总体成交量下滑趋势明显，企业不可避免受到很大影响，所以 2014 年上半年仅完成 106 亿元销售额，不及上年全年业绩的四分之一。中信地产的资源还是非常丰富的，特别是在金融方面，有中信银行、中信信托、中信证券等。早在 2010 年时，中信已建立“住宅、商业、度假”三大产品线，其中住宅相对成熟，商业这块还处于探索阶段，度假地产方面受整体度假地产低迷态势，目前不太乐观，这一块可能是中信的最大问题所在。

华侨城的自身特色还是非常鲜明的，其利用集团旅游板块的资源在各地掠地，特别是在深圳。据我们的监测，2013 年华侨城深圳的商品房销售收入达 40 多亿元，占其 2013 年全年销售的近 3 成，而上海亦占到 3 成——也就是说，除了深圳和上海之外，华侨城在其他城市的收入仅占 4 成左右。对于拥有如此多优势资源的企业来说，还是有点可惜的。随着原西安市副市长段先念出任公司总经理，我觉得他们的地产板块会有一轮新的发展机会。段先念开创的融合文化、商业、旅游的“曲江模式”，也与华侨城“旅游＋地产”模式十分契合。所以，他对房地产开发应该是情有独钟的。

中国铁建和中国中铁这两家公司我都分不清楚有多大的差异，主要是将中铁 1 局到中铁 10 局归为中国中铁，将中铁 11 局到中铁 25 局归为中国铁建。我认为完全没有必要搞两家公司。中国中铁和中国铁建是硬把一家公司拆成了两家。中粮则是把原来两家公司合成了一家公司，一家是专门从事住宅的中粮地产，一家是专门从事商业地产的中粮置地。实际上，中粮集团资源还是相当丰富的。历任万科董事长、华润总裁的宁高宁，如今执掌中粮集团，相信其必定关注地产。另外，中粮地产是周政和韩石搭班子，一文一武，配合十分默契。

实际上，央企地产公司关键看人，谁来掌舵，谁做老总，就决定着企业的未来的发展。

回顾点评

**央企“老板”决定企业发展。“老板”到位则企业出色！**

# 魔都房企的生存指南



上海是除广深之外房企最集聚的城市。根据我的观察，我归纳了上海房企的三大特征。

第一，国企、民企平分天下。国企中绿地最受瞩目，其他如上实、农工商、中华企业、上海城建、上海建工、上海城投、陆家嘴等等，也都位列房企百强行列之中。上海的民企也不甘落后，世茂、复地、新城、阳光城、景瑞、大华、恒盛、上海证大等等，在全国房地产企业中也是鼎鼎有名。群雄逐鹿，最终形成了国企、民企二分天下的格局。

第二，上市房企集聚。上海是上市房企最多的城市，一方面是上海证交所所在，集聚了一批 A 股上市企业；另一方面，现在越来越多的企业转向 H 股上市，如旭辉、景瑞等等，而上海是中国的金融中心，国际资本集聚，是孕育上市公司最好的土壤。

第三，“迁都”而来的房企最多。上海是最受房企欢迎的“迁都”之地，原因在于，一方面上海和北京市场并驾齐驱，是发展前景最好的市场，但是上海比北京更市场化，盘踞上海的企业更容易“名利双收”；另一方面，上海具有独特的人才优势，其金融中心的地位和发达的经济水平吸引了大量人才涌入，房企扎根上海能更好地进行人才储备。

讲完上海房企的总体特征之后，我还想单独讲讲一些房企，这些企业在上海房企中都是各有特色。

### “黑马”农工商

虽然农工商成立已久，但之前一直相对发展平稳，近几年迅速爆发。通过海博股份的重组，农工商将实现借壳上市，打通资本渠道。农工商 2013 年销售突破至 110 亿元，同时企业深耕上海迈向全国，在土地市场积极拿地，借助上市企业目标也将更上一层楼，未来农工商将成为上海房企的一匹黑马。

### “三级跳”的上实城开

上实城开原来是徐汇区区属企业上海城开，在短短几年内实现了从徐汇区到上海再到全国的三级跳发展，这主要得益于企业一系列的收购以及重组。从业务角度来看，上实城开也颇具特色。首先是大型居住社区开发，如仍在开发的上海市区最大的居住社区之一万源城。此外，上实城开在地铁上盖综合体方面也有相当多的经验，如南方商城、莘庄地铁上盖项目等等。

### 最另类上海证大

上海证大拿过地王（外滩 8-1 地块），最后落入他人之手；开发了上海最大城市级文化商业综合体——证大喜玛拉雅中心，但叫好胜过叫座；是第一批开发上海浦东的企业，但又错过了 2007—2012 年最好的发展机会；现在又转战南非“造城”，画了大大的“蓝图”。如果说冯仑是北派房企创新思维的代表，那么戴志康就是海派房企创新思维的引领者。他开发的九间堂项目（据说马云在上海的家也在其中）至今仍是上海最贵的别墅之一。

回顾点评

**上海本地房企多年蛰伏，腾飞在即！**

TALKS 大家说

# 嫁人嫁哪家房企?

八月份的最后一周，很多城市都松绑限购了，开发商心情好，我们也感觉到了。

**丁祖昱** 我们今天讲一些有趣的话题，你最想嫁给哪一家开发商?

我今天来抢主持助理的位置，小手帕飘起来! **爱野**

**丁祖昱** 好了，现在开始干活，每个人先说最想嫁的开发商，顺便说下原因。

男的，也得说? **爱野**

**丁祖昱** 假设下，也是可以的!

男神，我先说。任志强，军人出身。 **大报美女**

**大舅舅** 许家印，至少帅一点。

隐约觉得你们在讲一个冷笑话。 **大报美女**

**匿名** 我没有喜欢的啊，一个也没有啊!

必须说，否则嫁给上实城开! **爱野**

**二叔** 爱野，你有没有转达我昨天让你带给道长的话。

不知道啊，我没收到爱的讯息。 **你们都知道的道长**

**敏敏** 说一万次，孙宏斌。

王石，坐公交车不要钱。 **爱野**

**rainbow 不是记者** 楼上的你是高级黑，哈哈哈，笑到打滚。

原来没有人想嫁给宋卫平啊。 **丁祖昱**

**rainbow 不是记者** 他胖，他虚胖……

我选“愿意造个项目命名‘晓苑’”的。 **晓庆**

**爱野** 楼上的姑娘总是想太多。

我选冯仑，因为散发着一种性感，这种性感跟道长有点像。我是男的。 **二叔**

rainbow不是记者：潘石屹转身流泪。

身高不足 160 厘米的不能参加海选。——匿名

你们都知道的道长：没有人选汤臣一品家的公子？

任志强，理由就两个字：大炮。——自媒体特别大的达人

丁祖昱：我们……我们，换个话题。

丁祖昱：那我们说说哪家房企的员工你们比较想嫁？

嫁给绿地男好比嫁给公务员，嫁给碧桂园住进远郊大盘！龙湖“善解人衣”，选择一个 24 小时都在打鸡血卖房子的融创男，夜夜总在开会。绿城都是非主流。保利男每天不把被子叠成豆腐干，绝对不会出门！恒大男永远都在学习，今天卖房子，明天卖水，后天卖奶！——爱野

丁祖昱：楼上的，刚刚从天津回来吧，说得真麻溜。

绿城一定是双鱼男，渣男，脚踩多条船，有比他们合作伙伴更多的么？——大报美女

北京的石头：万科，估计是水瓶渣男，半斤八两。

绿地合作方也多。——丁祖昱

北京的石头：龙湖男吧，最风骚，还去参加过《非诚勿扰》。

你们，真的不看福利的么？——丁祖昱

你们都知道的道长：绿地一年年限以上的，都很好。

世茂我觉得一般。——匿名

世茂深喉：我很负责任地回应楼上的，你们说得对。

下班很晚，等于嫁给了一个空荡荡的家，但好在没空在外瞎搞。——万科男

绿地男：各种贴各种费各种券不算什么，哄好老婆才是关键。

万科福利还不错，培训多，高大上，大学生比较爱。——丁祖昱

匿名：IN HOUSE 的没钱，工程部太忙，营销线故事多，以上适用于每一家房企。

嗯，从中海到龙湖，营销线的故事真心不少。——深喉

敏敏：再说一次，我想嫁给孙宏斌！

匿名 **我发现，没有人想嫁给中海的，向中海默哀一分钟。**

何止，碧桂园、恒大的也不是很想嫁好不好。家也忒远了点。 **深喉**

爱野 **世茂男都挺高大上，万科、世茂的高学历比较多，四大出来的也多，吵架也可以绕着讲一会儿，不会直接抄家伙。**

我觉得嫁给 IT 男比较酷，会写代码，我们真的一定要矮子里挑将军么? **晓庆**

大报美女 **说出了我的心声，谢谢楼上。**

好了，没想到这个行业如此不受待见，也没想到你们如此现实，这还是一个“看脸”的世界。谢谢楼上的，今天过于八卦了，不过周末的好心情应该一样，记得澎湃如昨。 **丁祖昱**

Part 02

易居

# 光荣与梦想

## ——乐居正式登陆纽交所上市

日期 2014 年 4 月 18 日 阅读量 3349 转发量 205

美东时间 2014 年 4 月 17 日 9:00，又一次来到华尔街的纽约证券交易所，7 年前参加易居中国上市的一幕幕还近在眼前，而今天易居旗下的互联网板块乐居中国也将马上敲响开市的锣声，那种熟悉的自豪感油然而生！

9:30，乐居终于在纽约交易所挂牌上市，股票代码 LEJU。挂牌当日开盘价达到 10.8 美元 / 股。不管是对易居人，还是对中国的房地产行业乃至互联网行业来说，这无疑又是一件值得拍手称庆的大事。

这时候不得不来追溯一下乐居的发展历程。早在 2008 年，纽交所上市以后的易居中国与新浪合作，将易居旗下房地产信息咨询业务与新浪房地产网络业务进行合并，成立合资公司新浪乐居（前身），到 2009 年与克而瑞合并成立中国房产信息集团，在纳斯达克上市，成为中国第一家地产科技概念股（上市代码：CRIC），再到后来短短两年不到的时间，实现了房地产电商从 1.0 到 4.0 的蜕变，直至今天在纽交所单独上市，沉潜积淀之后的乐居，如今迎来了全面的“爆发”。

这在乐居的招股书上体现得很明确。数据显示，2013 年乐居营收达到 3.354 亿美元，较上年增长近一倍，公司 2013 年实现净利润 4270 万美元。而早在 2013 年前三季度，通过易居电商平台达成的交易已超900亿元，相当于之前年份总交易额的3倍。

从门户网站、房地产广告运营、电商再到如今的O2O交易，作为易居中国旗下的重要板块之一的乐居，短短几年之间发生了质的变化。

这一系列的“质变”，正是源于易居的灵魂——创新求变。“唯一不变的就是变化”，对易居人来说，这是最耳熟能详的一句话。我在昨天的文章里也提到，在美国正在举行的沃顿易居中美房地产论坛上，易居中国董事局主席、总裁周忻先生更是再次把演讲的主题定义为了“三变”——市场之变、行业之变、易居之变。今天看来，这种基于市场、行业变化的顺势“谋变”，在乐居身上变得极具说服力。

而面对风起云涌的移动互联网浪潮，易居也再度成为最前列的弄潮儿。从某种程度上来说，易居的发展，就是互联网在中国房地产领域发展的最好写照。

当然，对乐居来说，上市无疑是一个全新的起点。而对兄弟板块的克而瑞来说，无疑也迎来了全新的契机。

正如周总所说，乐居互联网及电商集团是易居中国腾飞的翅膀，而克而瑞就是易居中国的核心竞争力。不管是对乐居还是克而瑞而言，眼前的是一大步，也可以说是一小步。

在这个互联网思维大力改造传统行业和企业的时代，逐梦互联网，房地产行业绝不能被孤立于潮流之外。

又一次，易居延续着中国房地产现代服务行业的光荣与梦想！

### 回顾点评

**创新是易居发展的动力之源。在大家纷纷探讨互联网思维的时候，乐居已经上市。永远不变的就是变，这是易居的“灵魂”所在。**

# 打破中国房地产信息的“黑箱”

## ——评“房价点评网”上线



从 2002 年以来，我的工作都在和房地产信息打交道，对房地产了解越多，参与越多，就觉得中国房地产像个“大黑箱”，信息实在是不透明。我作为一个专门搞房地产信息的专业人士都是如此，就更别提那些普通的消费者了。买车、买电器、买手机都有各类指导网站，就连到饭店吃饭也有大众点评网，难道房地产就不能有这样一个专业指导的平台吗？难道就不能还消费者一个信息透明吗？

为了这个目标，克而瑞花了 1 年半的时间，做了一个专门为消费者提供专业购房指导的网站——房价点评网，利用克而瑞积累 12 年之久的 CRIC 数据库以及超过 200 人的专业分析团队，对全国 21 个城市 4038 个一手房楼盘（首批）进行了全方位的楼盘分析、价格测算和购买评级，另外对 5 个城市 3 万多个二手房小区（首批）进行了房价自动测算，应该讲这个网站已经完全可以满足对购房者的购房指导和辅助决策。

有很多朋友问我，你们如何保持公信力？说实话，最近试运行期间来找我协调的开发商太多了，我只有一句话——不受影响。因为我们在房地产领域创造了一个新的职业——房价分析师。我称房价分析师是一个高尚的职业，对职业操守有很高要求。我可以接受有专业导致的误差，但绝不允许有不公允现象。

房价分析师类似于证券分析师。证券公司都会设立 china wall（防火墙机制），使证券分析师独立于公司业务部门，我们今天同样也设立了 chinawall，让房价分析师与易居的所有业务切开，不受与易居合作的任何开发商的影响。另外，房价点评网上的每个测评报告、每个观点都有分析师署名，每个楼盘一般都有 2—3 个分析师给出独立意见，更因为是公众网站，所以公开透明让大家监督，玩不出猫腻。

除了公信力，最近我被问到更多的问题是房价点评的盈利模式。我说真没有盈利模式，大家信吗？克而瑞做对 B 端服务的大数据业务，一直盈利都不错，今天在活得很好的情况下稍微投入一些成本来做给消费者提供购房指导的网站应该不是特别困难的事情，相比盈利我更关心这个网站未来的影响力。

有人好奇，房价点评网是如何得出指导价格的？这个我可以透露。一手、二手房有不同的模式。新盘方面，分析师从拿地就开始关注，开盘前、公开后开始正式进场勘探、写报告，根据分析师专业意见给出购房指导参考。二手房方面，我们通过已获得国家实用新型专利认证（专利号：ZL 2012 2 0399196.2）的模型自动算出价格，这与美国著名的同类网站 zillow.com 很相似。

网站的上线是房价点评网的正式起步，希望这一步能打破中国房地产信息的“黑箱”。

回顾点评

**房价点评网（www.fangjiadp.com）上线是克而瑞未来最大的战略。从 2B 到 2C，克而瑞的互联网思维呼之欲出。**

# 入行15年，要成为受人尊敬的地产人

日期 2014年10月29日 阅读量 11980 转发量 258

## 入行第1年

他被快递公司开除，路过一家房地产中介门店，一堆房源旁的落地玻璃角落里贴着招经理。两天后他拿到了“置业经理”的名片，没有合同，没有底薪。真经理教他的第一件事是在那块玻璃上贴假房源，每种房型各一套。很快有电话来咨询，他说这套房子刚卖掉，手上还有几套差不多的，请客户出来看房。真经理表扬他有天赋。

## 入行第3年

他成了真经理，每天做的第一件事是把手下假经理接来的挂牌房源加价几万元贴到玻璃上。他熟悉做“阴阳协议”，上家一个价，下家一个价。他更熟悉做“阴阳合同”，一份给交易中心，两份给买卖双方。

## 入行第8年

他当上了区域经理，和其他竞争中介联手抬高区域二手房价格，有套房子挂牌后两个月涨价40万元成交，其中10万元他自己赚进。旁边新楼盘请他去喝酒，听听他对定价的建议。

### 入行第 12 年

他的门店关了一半，员工裁了三分之二，剩下的跟他去卖新房了。他穿着高档西装，和穿廉价西装的员工一起去高速出口发传单。半年后，他跳槽去了开发商那里，穿着公司发的西装在售楼处等着发传单的中介带客上门。

### 入行第 15 年

他虽然还只是项目营销副总，但他是价格专家，从整体定价到特价房源定价，上上下下都会问他。但他知道自己除了价格什么都不懂，购房者也不再那么好骗。他觉得再过十五年，他也还是个项目营销副总。

（以上文字纯属虚构）

卢俊那篇《入行 15 年，骗了几乎所有人》让我感触很深，便模仿他写了一个销售员的 15 年。整个行业虽然并不真是卢俊讲的那么黑暗，但外人确实对这个行业诟病不少，行业内充斥各种炒作，为吸眼球不顾节操底线的情况比比皆是。

黄金十年已过，房地产行业进入成熟期，但地产人仿佛进入了浮躁期、瓶颈期，特别是策划、广告、销售、中介这些前台业务第一线更是如此。地产人给外界留下的印象真不是那么光鲜，而基层销售员和经纪人更是真正处于最底层，与海外经纪人的地位有天壤之别，他们的经纪人是社区里最受人尊敬的人之一，从 20 来岁做到白发苍苍，是终身制的职业。

今天，我们也希望中国地产人都能够成为大家所尊重的人。

为什么克而瑞要和房教中国联手？为什么易居中国要进入房地产人力资源和教育培训这个领域？因为中国的地产人需要这样的提升和飞跃。在这一过程中，我们的关注焦点也开始集中到“人”身上。克而瑞已经拥有地产人网、企业培训体系，还有房地产专业图书出版系统。今天我们与中国最大的房地产培训机构之一“房教中国”合作，明确了我们未来在中国房地产人力资源和教育培训方面要放开做，要大做。

战略控股房教中国，克而瑞有自己的野心。这个野心是，克而瑞能为中国地产人的提升贡献一份力量，让我们都成为受人尊敬的人。

回顾点评

**从关注市场到关注企业，从关注企业到关注人，这是克而瑞的战略。**

**相关文章链接**

2014 年 11 月 19 日入行 15 年，谁在关注你的需求？

Part 03

千亿企业

# 万科：巨无霸后再起航



万科，当今房地产行业当之无愧的老大。尽管 2014 年会有挑战，比如绿地提出了 2400 亿元的销售目标。但是，当万科仍然报出了 2000 亿元目标的时候，我们都应该感受到万科此时的从容。

万科是第一家年销售额达到 1000 亿元的公司，2014 年也会如愿达到 2000 亿元，也许 3 年后还会 3000 亿元，万科已经在十多年里，一直领先。万科今天已经成功从一家专业化的房企转变成了系统化的房企，并正在成为金融房企。在别人还在考虑纵向整合的情况下，万科早已完成了这些工作。这么多年来，万科一直是中国房企学习的榜样，反过来我们来看一下万科学习的榜样：新鸿基、帕尔迪，甚至是腾讯。一个例子就可以说明问题，万科 2000 年就提出了产品标准化的思路，2005 年已经基本完成；而直到今天，很多大型房企才刚刚开始做标准化。

我认为万科是中国房地产行业乃至放在世界范围都是最优秀的标杆。但最近也看到，万科积极向各类企业学习取经，连续拜访参观了很多互联网企业，比如小米、腾讯，还参观了海尔。特别是《万科周刊》在报道参观学习完海尔后的文章标题竟然是《平均就是死亡》，这是对万科当前运作模式反思的一个信号。而且这也表现出万科对未来发展之路的一丝迷茫，也许万科对未来模式的选择可能是万科今天唯一的也是最大的问题。

万科有这种选择的烦恼很正常。对房地产市场规模的判断好像已经基本达成共识——行业规模已基本触顶。由于对这种模式的迷茫，特别是对未来 3000 亿元后哪里去的迷茫，万科希望通过跨界的交流沟通来寻找解决之道。这很有意义，也值得不断去做，特别是借鉴互联网思维。这对万科来说是完全正确的。但说实话，今天很难找到能够替代的主营业务，即便是万科提出的未来社区增值服务，我认为也很难。

其实我给万科的建议很简单，坚定地走房地产之路，坚定地向金融方向转型，继续赚房地产的钱，未来 5—10 年万科会更好。万科是中国房地产的旗帜，房地产不能没有万科，这是万科最大的责任。

**万科各项运营指标** 单位：亿元；万平方米

| 销售金额 | | | | | |
|---|---|---|---|---|---|
| 2011 年 | 排名 | 2012 年 | 排名 | 2013 年 | 排名 |
| 1210 | 1 | 1418 | 1 | 1740.6 | 1 |
| 销售面积 | | | | | |
| 2011 年 | 排名 | 2012 年 | 排名 | 2013 年 | 排名 |
| 1060 | 2 | 1298.9 | 2 | 1517.3 | 4 |
| 2013 年各项指标 | | | | | |
| 进入城市数量 | 单城市产能 | 单项目产能 | 净负债率 | 三费比率 | 净利润率 |
| 63 | 32.84 | 6.59 | 30.70% | 5.73% | 12.01% |

# 保利地产：平平淡淡就是真



保利是 7 家千亿房企中相对最低调的一家。虽然是央企的背景，但既没有像中海这样是建筑出身，也没有其他房地产方面的特殊资源，能够发展到如今这种程度，实属不易。

从指标上来看，保利在部分指标上还优于万科。在整体运作能力、专业程度上来说，保利在房企中处于领先。之前保利的成功主要来自于资源整合、资金投入。企业上一轮大规模扩张从 2006 年上市开始，企业抓住了中国房地产发展的最好时机，销售额从 2006 年的 83.65 亿元提升至 2013 年的 1253 亿元。

保利的重点城市覆盖主要位于北上广三个一线城市群，以及成渝和武汉这两个重点二线城市群。其中，2014 年北上广三个城市群销售额各 300 亿元，其他成渝和武汉销售额各 200 亿元。相对其他企业，保利进入的城市数量相对更少，其他企业还会面临进入三、四线城市之后还要返回一、二线城市的问题，而保利在这方面战略眼光比较独特，在北上广三个核心城市群的深耕做得更好，企业在上海、广州的销售额多年排名一直保持前三左右。

另外，保利企业的自身基础较为扎实。特别是在 2012 年换了董事长之后，保利仍然能够保持原有的增长速度和行业地位，这点对于央企来说尤为难能可贵。究其原因，一方面，是因为企业自身的基础较好，系统性较强，各方面比较规范，因此运作上没有受到太多的影响；另一方面，也和权力下放和地区领导稳定有关，具体运作没有受到总部领导变换的影响。

在达到今天这样的程度后，保利也存在一些问题和瓶颈。

从激励制度而言，相对民企，保利的激励较为一般，这能否支持企业持续的发展？房地产央企及国有企业由于体制方面的制约，高管薪酬待遇方面缺乏足够的竞争力。保利虽然也有股权激励机制，但是与之类似的万科的股权激励计划最后证明不过是个笑话。保利如何提供更为有效的激励制度，值得考虑。

保利在一线和非重点二线城市之外的城市，运作能力差距很大，保利内部也是强者恒强。另外，保利进入了几个我们认为市场压力比较大的地方：营口、丹东、长春、嘉兴、连云港、德阳、贵阳这些城市。这些城市供求关系失衡，而且房价较低，普遍单价在6000元以下，很难赚钱。

相对民营企业来说，保利转型难度更大，当保利不断突破达到了新高后，对董事长宋广菊来说，如何再创辉煌，实际上是保利的最大问题。

**保利各项运营指标** 单位：亿元；万平方米

| 销售金额 | | | | | |
|---|---|---|---|---|---|
| 2011年 | 排名 | 2012年 | 排名 | 2013年 | 排名 |
| 732 | 4 | 1018 | 3 | 1253 | 4 |
| **销售面积** | | | | | |
| 2011年 | 排名 | 2012年 | 排名 | 2013年 | 排名 |
| 647 | 5 | 898 | 4 | 1064 | 5 |
| **2013年各项指标** | | | | | |
| 进入城市数量 | 单城市产能 | 单项目产能 | 净负债率 | 三费比率 | 净利润率 |
| 44 | 32.08 | 7.49 | 126.22% | 5.47% | 12.44% |

# 中海：盈利之王还能保持吗？

日期 2014 年 2 月 3 日 阅读量 4114 转发量 244

在千亿企业中，中海盈利能力最强，城市布局最优，运营效率最高。中海是建筑出身，但品质已经不是今天中海的杀手锏，反而成本控制和高溢价却成为了中海的标签。

相比其他千亿企业，中海拿地不多，价格较高。2013 年，中海销售额 1080 亿元，拿地耗资约 381 亿元，拿地销售比为 0.35，在千亿企业中属于较低水平，仅次于碧桂园。而 2013 年拿地平均楼板价每平米 4318 元，排在第二位。中海过去也一直拿相对更贵更大的地块，甚至有一些地王，最终成为了中海的吸金器。

中海的运营效率非常高。中海在较多重点城市的市场占有率能排在前三位。中海很多年前就把城市深耕作为企业的发展战略，今天这个效应逐渐显现。

中海的成本控制在千亿企业中是最好的，2013 年中报显示其三费比率仅为 4.2%，比其他 4 家上市的千亿企业平均水平 6.9% 低 2.7 个百分点，省下来的成本就是利润。此外，中海的销售费用率也是最低的，只有 1.4%，虽然营销能力还是很不错，但我个人还是不建议这些方面省到极致，否则一旦碰到市场波动，那中海就只能打一张降价牌了。

中海目前这些优势反过来也成为了中海的压力。

首先，中海的利润率处于行业较高的水平，但随着土地价格的不断提升，未来可能将有较大的向下空间。对企业来说，在建筑工程和其他方面的成本把控效果已经有限了，土地成本才是对企业未来利润影响最大的方面。

其次，2013 年中海和中建合并后，面临着领导变更、架构调整和地方人员变动等诸多调整，这对人员稳定性很不利，而中海本来就素有房企“黄埔军校”的美称，大家都愿意挖中海的人，因为中海人最好用。虽然中海的城市总经理身份体面、激励也属中上，但是相比更灵活的民企，激励还是略显不足。

再次，中海同样面临未来发展空间的问题。从一家建筑企业出身，到房地产央企龙头，最近几年发展速度明显放缓，未来压力逐步增加。加上利润下降，作为市值最高的房企，寄予太多投资人的期望。一旦相关指标走软，会对投资人有巨大影响。

最后，在 7 家千亿企业中，中海是一家相对封闭的企业，对外合作还是较少。对中海来说，垂直条线的工作做得再多，都显得不重要了，而更加开放的心态可能是中海需要的，首先应该从营销开始改变。

**中海各项运营指标**　　单位：亿元；万平方米

| 销售金额 | | | | | |
|---|---|---|---|---|---|
| 2011 年 | 排名 | 2012 年 | 排名 | 2013 年 | 排名 |
| 720 | 5 | 935 | 4 | 1170 | 5 |
| 销售面积 | | | | | |
| 2011 年 | 排名 | 2012 年 | 排名 | 2013 年 | 排名 |
| 566 | 6 | 746.7 | 6 | 991.7 | 7 |
| 2013 年各项指标 | | | | | |
| 进入城市数量 | 单城市产能 | 单项目产能 | 净负债率 | 三费比率 | 净利润率 |
| 32 | 36.56 | 16.25 | 14.90% | 4.21% | 26.51% |

注：财务指标为 2013 年财报数据。

# 绿地：风生水起新一年，叫板万科做一哥

日期 2014 年 2 月 2 日 阅读量 2570 转发量 159

2014 年 1 月的明星企业一定是绿地。一方面，在 2014 年 1 月 1 日发布的 2013 年销售排行榜上，绿地位列面积榜第一，金额榜第二；另一方面，绿地掌门人张玉良年初宣布 2014 年销售目标为 2400 亿元，争取超过万科成为新的行业老大。另外继 2013 年绿地收购盛高置地完成香港资本市场布局，2014 年还计划借壳金丰投资，完成国内 A 股的上市，让企业再上一个台阶。

绿地的特色和优势很明显：

一、绿地用城市第一高楼为地方政府打造城市名片，以此以低价大量圈地，目前在全国几十余座城市建设当地的第一高楼，并拥有开发企业羡慕的巨大土地储备。

二、绿地开发销售模式做到极致。除了酒店，办公、商业、住宅最后都必须去化完毕。这么多年运作下来，绿地已经驾轻就熟。

三、绿地是国企改革的先行者。除了很早就实施的股权激励机制，在 2014 年年初，绿地引入战略投资人，把国有股比例降至 50% 以下，完全符合以混合制为主导的国企改革方向。

四、绿地的管理架构适合高速扩张。权力完全下放，总部只管资源和资金，具体运作全部由事业部和地方公司来负责。

五、绿地对外合作积极主动。在 7 家千亿房企中，绿地是最

具有开放合作心态的企业之一。

六、绿地全国布局比较合理，在一些城市具有垄断优势。绿地抓住了房地产发展的最好时机，从 2008 年到 2012 年基本完成了全国布局，目前一、二线城市布局已经完毕，三、四线城市也有一定的进入。其中在一部分城市具有很大的优势，比如在大本营上海，绿地 2013 年全年商品房销售额为 243 亿元，遥遥领先其他企业。

绿地也存在一些问题：

首先，绿地的商业地产项目以开发销售模式运作，这种模式并不是商业地产未来主流发展的方向，有一定的先天缺陷。由于目前绿地的很多商业项目位置还比较好，散卖之后还没看到比较大的问题，但是未来情况就很难保证了。

其次，由于绿地 2014 年冲第一的口号喊的太响了，无形中也对绿地增加莫名的压力。一方面如果 2014 年最终无法达到目标，那么对绿地的士气影响较大；另一方面，如果最终达到目标，也可能会像万科某高管说的会付出比较大的代价。希望这样的代价不会让绿地伤筋动骨。

绿地各项运营指标　　单位：亿元；万平方米

| 销售金额 | | | | | |
|---|---|---|---|---|---|
| 2011 年 | 排名 | 2012 年 | 排名 | 2013 年 | 排名 |
| 776 | 9 | 1078 | 2 | 1625.3 | 2 |
| **销售面积** | | | | | |
| 2011 年 | 排名 | 2012 年 | 排名 | 2013 年 | 排名 |
| 808 | 3 | 1180 | 3 | 1160 | 1 |
| **2013 年各项指标** | | | | | |
| 进入城市数量 | 单城市产能 | 单项目产能 | 净负债率 | 三费比率 | 净利润率 |
| 89 | 18.26 | 7.07 | — | — | — |

TALKS 大家说

# 深度剖析绿地：做一哥，当老大！

## 【事件背景】

万科吐槽完了，今天我们来评评绿地。年初的时候，绿地叫板万科要做“新一哥”，还喊出了 2400 亿元的口号。年内绿地也没消停：海外扩张，造地铁，大金融，上了不少次头条。

**丁祖昱** 对于绿地，你们最大的印象是什么？

上海骄傲。 **爱野**

**Rainbow** 东方之子。

**Rainbow** 北京媒体很坏，喜欢毛大庆不喜欢绿地。

大概因为绿地是上海房企，力压北京房企一头。 **丁祖昱**

**匿名** 绿地酒风太盛，完全不是现代企业作派。

酒风盛和现代企业做派啥关系？ **丁祖昱**

**爱野** 产品没特色，突然做这么大，吓万科一大跳。

那中国的房地产行业就有点可悲了，有些“龙头”领了低俗炒作之风，有些“龙头”领了中国特色酒桌之风，啧啧。 **Rainbow**

**匿名** 绿地的企业领袖品牌没做好，张玉良，笑起来很憨，别的我就不知道了。

我觉得张玉良是开发商里面比较勤奋和努力的，“5+2”，“白加黑”。应该以国企的角度看，就不难理解了。 **道长**

**爱野** 我建议，绿地并入上海市政府地产开发办。

但是，绿地都是一家要走出去的企业了。 **匿名**

**Rainbow** 确实搞笑，为什么一家“土鳖”企业走出去了，海外收益不少；另一家管理制度现代的龙头企业是第一个提出所谓“房企国际化”概念的，却在海外只敢和当地企业合作拿地几幅，并且迟迟不开工呢？

丁祖昱 **看来北京媒体确实不怎么喜欢绿地，在其他城市呢？**

绿地在南京不算大牌。我认为原因有三：（1）绿地在南京的产品以写字楼、商办产品为主，但南京“重住宅、轻商业”的传统牢不可破；（2）绿地有着典型的国企特征，在南京独来独往，不和其他房企和媒体玩儿；（3）绿地在南京的城市布局上，除了鼓楼地标紫峰外，都未进入河西等核心区，导致项目所受关注度不高。 阿墨

Rainbow **绿地现在去布局全国，肯定不如起家早的万科有优势，华南很难进去，就必须要确立在上海市场的优势。2014 年绿地在上海推的新盘量不多，尤其缺高端产品，风头被融绿抢走了。上海人是可以完全忽视你到底是屌丝情怀风，还是人民日报风，只关注性价比的，所以上海老大的位子要抢回来。**

楼上的请一口气说下去不带喘。 二叔

Rainbow **接下来是江苏、安徽和江西、浙江，质量拼不过；最后是中西部落后的地方，正好能抓住和政府关系的优势，抓紧布局抢占市场；至于那些偏好听吹牛、讲概念的城市，我不求有功，只求无过啦。**

Rainbow **2013 年、2014 年绿地扩张的步子已经迈得很大了，很期待 2015 年能把内部很多流程标准化，提高效率。**

我来总结下，绿地规模化堪比万科，绿地多元化堪比恒大，绿地做金融舍我其谁，绿地搞能源不甘人后，绿地联地铁新开金矿，绿地国际化复星弹开，绿地搞足球“领先一步”，绿地资本化只争第一。不服来辩！ 丁祖昱

不知道 **横批，哪都有你。**

有些事情换做万科肯定会拿出来大肆炒作的，比如最近绿地商业开出了自营咖啡店 G-COFFEE、自营餐馆 G-KITCHEN 和自营儿童乐园 G-KIDS，换了万科肯定在开始做之前就大谈互联网思维了，绿地都做出来了，但我居然在新闻里都很难搜到这些！ Rainbow

丁祖昱 **我觉得 2014 年绿地提出 2400 亿元争第一是一步妙棋，对外树立品牌和万科对等，对内全力以赴用指标说话，用上台阶解决原先刚到千亿元时出现的各类问题。**

说实话，绿地的战略踩得都不错，上市是道槛，销售数据利润分配这些数据都会阳光化。 Miss 晓庆

Rainbow **所以我觉得 2014 年绿地销售数据不大会造假，不然和明年反差太大。**

作为一家千亿房企，资本化是必须的选择，通过这种机制才能得到更好的发展。上市对于绿地一定是件好事，期待绿地能早日完成 A 股的上市，让企业再上一个台阶！ 丁祖昱

# 看不懂的恒大地产



恒大是千亿企业中发展最快的企业，在 2007 年之前还默默无闻，上市后才受到大家关注。2011 年开始连续 3 年在销售面积上排名第一，一夜之间从原来只进入广州一个城市，到 2008 年的 20 多个城市，再到 2013 年的 140 个城市，已经成为进入城市最多的千亿企业。

恒大地产确实拥有许多别的房企所完全不具备的优势：

一、快速发展优势。恒大快速从 2006 年仅十几亿元销售额的企业发展到 2013 年的千亿元规模，这种 7 年 50 倍的扩张速度，让恒大完全走了一条其他房企都没有走过的路。

二、执行力优势。恒大的执行力是所有房企中最值得推崇的。许家印主席晚上 12 时发布的要求，第二天早上 9 时就已经落实到全国各个公司，然后就有相应落实成果反馈。

三、标准化优势。恒大是最早做产品标准化的企业。恒大旗下的材料公司、设计院有大量的人员，产品、建材等都是标准化的，集采率在 80% 以上，确保运行成本。恒大 4000 元的精装修，品质优于周边项目，最终能赚钱，对于其他房企来说，几乎是不可想象的。另外，恒大的营销也基本标准，“开盘必特价，特价必升值”这句广告语红遍大江南北。

四、高周转优势。在高周转方面，恒大也是鼻祖，很多项目基本能做到三证或四证“合一”，在很多三四线城市，项目在拿到土地证后，其他证照也都基本同时拿到，这样再加上有诱惑力的价格，铺天盖地的广告，迅速完成了去化。

当然，今天的恒大有两个地方还是让人看不懂，或者说让人心存疑虑：

一是扩展模式。企业原来以二、三线城市为主，相对来说单价较低，所以，利润率相对较低，单项目产能5.64，单城市产能13.36，在50强中处于偏低水平。价格上不去，房子卖不快，只能通过更多项目的开盘，来保持规模持续的增长。好在从2013年开始，恒大也开始调整了策略，把重点放回一、二线城市，特别是北京、上海。

二是多元化发展。恒大地产在迅速做大后开始多元化发展，参与体育、文化、矿泉水、金融多元化运作，但除了对品牌推广有联动之外，对主营业务等其他方面的联动效应不强。恒大地产到底还是不是恒大地产呢？不过一搞足球就变成亚洲第一，一卖矿泉水短短几个月冰泉就达到几十亿元，这不能不说是奇迹，恒大的魔力难道那么“可怕”！

**恒大各项运营指标** 单位：亿元；万平方米

| 销售金额 | | | | | |
|---|---|---|---|---|---|
| 2011年 | 排名 | 2012年 | 排名 | 2013年 | 排名 |
| 808 | 2 | 923 | 5 | 1082.5 | 7 |
| 销售面积 | | | | | |
| 2011年 | 排名 | 2012年 | 排名 | 2013年 | 排名 |
| 1220 | 1 | 1536 | 1 | 1605 | 3 |
| 2013年各项指标 | | | | | |
| 进入城市数量 | 单城市产能 | 单项目产能 | 净负债率 | 三费比率 | 净利润率 |
| 140 | 13.36 | 5.64 | 69.5% | 9.21% | 9.47% |

# 碧桂园：马年黑马何处去

日期 2014 年 2 月 6 日 阅读量 5371 转发量 303

碧桂园作为 2013 年的最大黑马当之无愧，从 2012 年 476 亿元到 2013 年的 1060 亿元，全年增长 123%。特别是 9 月份之后，一个个明星项目的开盘亮瞎了大家的眼睛：海阳十里金滩开盘单日销售 28 亿元，兰州新城项目开盘当日劲销 50 亿元，马来西亚的金海湾销售额 91 亿元，后 4 个月的销售额占全年的比重高达 51%，如果按后 4 个月的销售速度来推算全年的话碧桂园将会成为 2013 年冠军！

很多人都看不懂碧桂园，觉得地也不怎么地，房子也不见得好，模式也不先进，怎么能突然脱颖而出？我分析有以下几个方面的原因：

第一，总裁莫斌。2011 年 7 月，莫斌任职碧桂园总裁，中建背景的莫总，迅速提升了碧桂园的建筑工程方面的能力。

第二，明星项目。碧桂园销售额 TOP10 项目占集团销售额比重超过了 50%。碧桂园把集团资源整合在了明星项目上，把优势兵力集中在了明星项目上，既保证了销售业绩，又树立了行业口碑，完全诠释了二八法则。

第三，复合定位。碧桂园很多项目都在三、四线城市，比如惠州碧桂园十里银滩、海阳碧桂园十里金滩等。这些项目碧桂园采取了复合式的定位方法，既可以作为周边客户的第一居所，又可以作为旁边二线城市（车程 1 小时内）客户的第二居所（休闲度假），再加上巨大的价格优势，极具投资价值，最终把这些别人企业认为难点项目打造成了明星楼盘。

第四，营销能力。碧桂园大盘营销能力不仅遥遥领先诸多房企，甚至比专业代理公司做得更好。

由于 2013 年取得的巨大成功，大家都对碧桂园 2014 年的销售额有了很高的期望。我个人认为碧桂园 2014 年的压力会大很多。

首先，三、四线城市的客户需求。碧桂园的明星项目大多数在三、四线城市，由于受到城市地位、经济、人口的条件限制，本地客户需求实际很有限，我对这些城市的短中长期都不看好。

其次，非明星项目的去化。碧桂园不是只有 10 来个明星项目，2013 年在售项目数量超过 100 个，大多数项目也只是正常销售，一部分项目还去化困难。

最后，海外地产的未来前景。虽然碧桂园 2013 年在海外的项目取得了成功，但是我不认为它真正找到了海外地产的解决之道，目前的模式是强制性地要求全国各个案场将大量的客户输送上岛，但这还是解决不了认筹转化率和签约率较低的问题。靠海量的人来填，总会有资源消耗殆尽的一天。

碧桂园各项运营指标　　单位：亿元；万平方米

| 销售金额 | | | | | |
|---|---|---|---|---|---|
| 2011 年 | 排名 | 2012 年 | 排名 | 2013 年 | 排名 |
| 430 | 7 | 475 | 9 | 1060 | 6 |
| 销售面积 | | | | | |
| 2011 年 | 排名 | 2012 年 | 排名 | 2013 年 | 排名 |
| 684 | 4 | 764 | 5 | 1652 | 2 |
| 2010 年各项指标 | | | | | |
| 进入城市数量 | 单城市产能 | 单项目产能 | 净负债率 | 三费比率 | 净利润率 |
| 55 | 19.28 | 8.19 | 64.00% | 12.17% | 13.6% |

# 首富万达



在 2013 年发布的福布斯中国富豪榜和胡润百富榜上，王健林首次跃升成为中国首富。首富万达是 7 家千亿公司中模式最独特的一家。我认为万达首先是一家值得大家尊重的房企，理由如下：

第一，万达是千亿企业中唯一做重资产的。虽然万达也是通过高周转来做重资产，但这已经很不容易了，一头保证每年千亿元以上的销售，一头资产规模也有上千亿元，这在中国是绝无仅有的。

第二，万达是中国商业地产真正的领导者。从万达广场第一代到现在的第五代，实际上也代表了中国商业地产的发展史。万达一方面在商业地产模式上做了标杆，另一方面对各个城市区域经济和商业消费方面也做了巨大的贡献。

第三，万达进行多元化并初步取得成功。万达在商业运营、酒店管理、文化产业都有很好的实践。不用说万达属下的百货、院线、歌厅这些已经被大家所认可的成功，万达的酒店集团也可能是国内高星级酒店集团运营最好的，而海外收购 AMC 短短一年就扭亏为盈（不管是不是万达团队干的）。这些创举以及创新能力都值得传统房地产开发企业学习和借鉴。

第四，万达的执行力文化同样在房企中数一数二。我们之前提到恒大的执行力是非常强的，但是万达的执行力也一样惊人。王健林这种军人般的管理方式一直是非常有效的，也是万达企业文化的真实写照。

不过，在这里我还是要谈谈目前万达产品线中存在的问题，而且核心问题还是中国房地产的市场问题。

首先是销售型商业。万达广场的金街正如其名一样是万达吸金利器，但销售好不等于运作好，金街的运营情况要比万达广场差很多，虽然从某种程度上已售金街的运营实际上和万达已经没有关系了，但这种销售模式却是产生问题的最大根源。

其次是写字楼。最近几年，万达写字楼已经开始难卖了。造成这个问题的原因其实是各地方政府规划原因，大量新区项目都会规划超配比的写字楼。

再次是旅游地产。万达最初对旅游地产的尝试是不成功的。西双版纳和长白山的项目都是典型的案例。特别是长白山项目，通过大投入改变了整个长白山的旅游资源格局，大手笔建立了酒店群和商业广场，从旅游角度上讲万达成功了。但是从房地产的角度来讲，万达的投入产出比是完全不匹配的，和之前所有项目相比，这个项目的产出效率最低，基本套牢。

万达各项运营指标　　单位：亿元；万平方米

| 销售金额 | | | | | |
|---|---|---|---|---|---|
| 2011 年 | 排名 | 2012 年 | 排名 | 2013 年 | 排名 |
| 560 | 6 | 905 | 6 | 1301.1 | 3 |
| 销售面积 | | | | | |
| 2011 年 | 排名 | 2012 年 | 排名 | 2013 年 | 排名 |
| 392 | 7 | 738.7 | 7 | 1058.5 | 6 |
| 2013 年各项指标 | | | | | |
| 进入城市数量 | 单城市产能 | 单项目产能 | 净负债率 | 三费比率 | 核心净利润率 |
| 52 | 25.02 | 18.07 | — | — | — |

回顾点评

7 家千亿企业的点评文章在当时阅读量还是比较大的，比如恒大篇阅读量接近 1 万，这也直接促成了后来企业类文章成为《评楼市》当中最主要的组成部分。

万科：对未来 3000 亿元后哪里去的迷茫以及我给万科的建议，今天看来还是非常清晰的。

保利：保利是 2014 年尤其是营销方面创新比较多的企业。

绿地：叫板万科做一哥。这个标题我觉得起得还是蛮好的。万科绿地的榜首之争直到 2014 年的最后一刻才见分晓。虽然内地项目销售额仍落后万科，不过加上海外项目销售额，绿地真的成为一哥了。说不定真的成为一哥了。

中海：中海 2014 年发展情况与中国房地产市场走势一样，先抑后扬。

恒大：看不懂的恒大地产，2014 年更看不懂。当时看扩张模式和全面多元化两个地方看不懂，后面的多元化已经升级到谁都看不懂的地步了。

碧桂园：好的方面和问题我觉得都是提得比较到位的，特别是对海外地产未来前景的质疑——当时还没有马航事件。

首富万达：这个标题用在万达头上也非常贴切。

12 月 23 日万达正式在港交所挂牌上市，上市后超过 1500 亿元的市值排在中国第一，今天看来这个首富还是名副其实的。

Part 04
典型企业

# 华润：能走地产蓝筹之路吗？

日期 2014 年 2 月 27 日 阅读量 2694 转发量 153

华润是家有意思的企业。提到华润总会想到万象城，但大家都可能没有意识到这家企业的销售额也是同样出色，2011 年 366 亿元排第九，2012 年 500 亿元排第八，2013 年 681 亿元继续第八。华润向来有其央企的特性。一方面，融资成本比较低，更容易从银行获得贷款；另一方面，受到大股东的支持较多，集团会注入土地资源。另外，华润也比较低调，在相当长一段时间里不以规模论英雄，但这种低调和对规模的不在意从 2010 年发生了大变化，华润也从那个时候开始迅速启动，目前已经成为前 50 强企业中仅次于 7 家千亿公司的第二梯队“领头羊”。

万象城是全国商业地产领域少数的几个标杆，和中粮大悦城、万达广场并称为国内商业地产三强。自从深圳万象城成为地标和当地居民高端消费的首选之后，万象城也在很多城市落地，都成为了当地的明星项目品牌项目。不过据说前一段华润到万达学习后，觉得金街模式很好，也要在一些万象城项目中增加销售型“金街”，价格定的比万达金街还要高很多，从目前销售情况来看很好，但未来运营则要打一个大大的“问号”。（关于万象城和销售的商业街我会抽时间单独评论。）

华润一直受其国有机制的限制，实际上也对部分的职业经理人产生了影响。从很早以前的郭钧，再到后来陈凯的离开，都说明了这是体制方面的问题。经历了华润集团大的人事变动之后，华润置地才进入了一段快速的发展期，但 2013 年由于集团大老板宋林受到一些事件的影响，华润的发展速度又再度放缓。因此，对于这类企业来说，领导人太重要。

华润最近几年在三、四线城市的快速扩张，我并不认为是一个好的方向。华润 Top10 城市销售贡献达 56%，基本都是一、二线城市，销售贡献前十的项目也都位于一、二线城市，对华润置地销售金额贡献率合计为 31%，且单项目销售都超过 15 亿元。可以看出三、四线城市和项目的销售贡献相对较低，对企业整体产能有一定的抑制。

2013 年以来，华润的各地项目频繁出现大规模业主维权的事件，高品质形象频遭质疑。这不得不让人深思，是否高周转之下企业产品控制与管理的能力出现了下滑？我倒是希望华润不要成为千亿企业的一员，放慢脚步，走华润自己原来的高品质之路，在城市进入方面更加聚焦，不断依托华润的金字招牌，成为一家真正的地产蓝筹企业。

**华润各项运营指标** 单位：亿元；万平方米

| 销售金额 | | | | | |
|---|---|---|---|---|---|
| 2011 年 | 排名 | 2012 年 | 排名 | 2013 年 | 排名 |
| 366 | 9 | 500 | 8 | 681 | 8 |
| 销售面积 | | | | | |
| 2011 年 | 排名 | 2012 年 | 排名 | 2013 年 | 排名 |
| 300 | 10 | 467 | 9 | 588.5 | 8 |
| 2013 年各项指标 | | | | | |
| 进入城市数量 | 单城市产能 | 单项目产能 | 净负债率 | 三费比率 | 净利润率 |
| 45 | 16.61 | 8.3 | 39.00% | 5.70% | 12.54% |

回顾点评

**地产蓝筹还是我建议的方向。**

# 绿城中国：脱胎换骨的新绿城



绿城在 2013 年交出了一份圆满的答卷。根据克而瑞统计，绿城年末实现销售总额 553.8 亿元，成为 2013 年全国销售十强。更值得一提的是，绿城是前十强中唯一单价接近 2 万元的企业。

应该讲，这 2 年绿城有了一个脱胎换骨的变化，过去 5 年中经历的两次危机改变了绿城。绿城从原先的高歌猛进，负债率畸高，一、二、三、四线城市并进，到今天谨慎发展，集中优势兵力在一线、二线城市，负债率大幅降低，运作效率显著提高，库存压力明显减少。最显著的变化就是，绿城净负债率从 2009 年末的 105% 下降至 2013 年中期的 49.5%，完全处于安全位置。

当然还有一个外在推动的因素，就是部分项目与融创合作，成立了融创绿城。融绿成立之后，两家公司各自发挥优势，让这家合资企业在短短两年的时间里发展到 2013 年实现了 155 亿元的销售，该数据已经超过了 50 强的门槛。两家如此强势的公司，在合资运作过程中竟然没有传出任何矛盾，这不能不说是一个奇迹，也要归功于两位领导人的魅力，但我更要说一句，绿城在其中功劳更大。从这里，我们看到了一个谦逊的绿城、学习的绿城。

当然，绿城仍然面临不少问题。

首先，绿城在大本营浙江的比例依然偏高，仅杭州就对企业贡献达四成以上。从这 2 年来看，整体浙江的房地产发展相比其他城市有所滞后，2013 年下半年以来浙江的风险也逐步显现，无论温州、宁波还是杭州都出现了供大于求的情况。

其次，绿城的管控体系还没有完全调整过来。绿城实行执行总经理制，强调总经理充分利用个人资源进行开发运作。这套模式在授权方面是充分的，但是在运作上面是有矛盾和冲突的，特别是他允许每个区域有多位执行总经理共同运作，这种内部竞争则必然存在运营效率上的问题。

另外，营销还是绿城的短板。目前营销还是依赖于“绿粉”，这几年绿城年末 500 万元的销冠红包确实吸引了眼球，但是这些重奖和所谓的全民营销模式，在今天看来并没有特别大的特色，与营销相比绿城的产品依然是他的短板。希望这块能够在与融创的合作中学到更多，也希望营销上面更开放，无论是引进更年轻的外部营销人员还是与专业营销服务机构合作，都可以进一步提高绿城的营销水平。

**绿城中国各项运营指标**　　单位：亿元；万平方米

| 销售金额 | | | | | |
|---|---|---|---|---|---|
| 2011 年 | 排名 | 2012 年 | 排名 | 2013 年 | 排名 |
| 300 | 12 | 510 | 7 | 553.8 | 10 |
| **销售面积** | | | | | |
| 2011 年 | 排名 | 2012 年 | 排名 | 2013 年 | 排名 |
| 159 | 22 | 260 | 18 | 282.3 | 22 |
| **2013 年各项指标** | | | | | |
| 进入城市数量 | 单城市产能 | 单项目产能 | 净负债率 | 三费比率 | 净利润率 |
| 49 | 13.85 | 5.27 | 49.5% | 12.45% | 24.05% |

注：财务指标为 2013 年财报数据。

回顾点评

**真是“脱胎换骨的新绿城”，这个当时倒真也没想到。**

# 龙湖地产：蛰伏之后再飞跃

日期 2014 年 3 月 14 日 阅读量 5144 转发量 310

自我写房企点评以来，催促我写龙湖的人是最多的，有意思的是一部分是目前在龙湖工作的员工，而另一部分是已经离开的老员工。单纯从这点来看，龙湖就是一家特别的企业，能够让这么多的员工牵肠挂肚，龙湖和吴亚军的魅力可见一斑。

如今，龙湖依然有很多其他企业值得学习的地方。

第一，龙湖网络信息化管理平台。曾经有一个刚调入的地方总经理和我开玩笑说，利用这个系统，哪怕第一天来上班，也能不出错，能够当好新区域的地方总经理。

第二，龙湖的产品质量、标准化在行业内仍然领先。在项目实际应用中，采取“90% 的复制 + 10% 的创新”的方式，在产品快速复制的同时满足项目本土化、创新化的要求。

第三，龙湖各项指标在上市公司中，依然位居前列。企业单城市产能 30.78 亿元、单项目产能 9.12 亿元，在销售 50 强企业位于中上游水平。不仅如此，龙湖现金充裕，截至 2013 年中期，现金短债比达到 2.4 倍。净负债率虽有提高，但 64.1% 的水平依然处于可控范围。

第四，龙湖拿地十分谨慎，基本不拿地王。龙湖的城市进入策略是进入年商品房销售额在 400 亿元以上的城市，这些城市大多是市场容量较大的一、二线城市。据统计，2012 年企业新增土地储备近 70% 位于一、二线城市，2013 年新增土地储备都位于

一、二线城市核心或近城区域，这些区域土地升值潜力和市场容量都比较大。

第五，今天龙湖的物业管理依然保持高水准。如果说 5 年前，万科、中海、绿城的物业管理与龙湖均在行业内领先的话，如今龙湖的物业管理应该就是一枝独秀。

最后，也是最值得一提的是龙湖内部人才济济，其人员主要分成三类：第一类是“仕官生”，龙湖地产通过“仕官生制度”为公司寻找和培养优秀的中高层管理人才。第二类是一批创始老员工，即当时和吴亚军从重庆一起奋斗出来的。这批人有很多已经离开，当然还有个别重要岗位的老员工依然还在坚持。第三类是在上市前后引进的职业经理人，这些人为龙湖的腾飞起了重要作用。

按龙湖的情况，照理来说龙湖销售额不应该排在如今的位置上，2013 年位列行业销售排行榜 12 位。我认为龙湖今天需要的是稳定，稳定中必将再次腾飞。

**龙湖地产各项运营指标**　　单位：亿元；万平方米

| 销售金额 | | | | | |
|---|---|---|---|---|---|
| 2011 年 | 排名 | 2012 年 | 排名 | 2013 年 | 排名 |
| 381 | 8 | 400 | 11 | 492.5 | 12 |
| **销售面积** | | | | | |
| 2011 年 | 排名 | 2012 年 | 排名 | 2013 年 | 排名 |
| 339 | 8 | 369.4 | 11 | 438.8 | 12 |
| **2013 年各项指标** | | | | | |
| 进入城市数量 | 单城市产能 | 单项目产能 | 净负债率 | 三费比率 | 净利润率 |
| 21 | 30.78 | 9.12 | 64.10% | 4.42% | 27.06 |

注：财务指标为 2013 年中期财报数据。

回顾点评

**是到他们厚积薄发的时候了。**

# 孙宏斌和他的融创中国



如今的孙宏斌已经不会像 2004 年那么“豪言壮语”了，但是在谈笑间依然墙橹灰飞烟灭。自 2003 年融创初创至 2010 年上市时销售额 70.82 亿元再到 2013 年销售额达到 500 亿元——成为 2013 年中国 11 家达到 500 亿元销售额的超级房企之一——只用了短短 10 年时间。在今天的房地产行业，像老孙一样东山再起并创如此佳绩的独此一号，跨界看其他行业，能够媲美的也许也就巨人史玉柱一个人吧。

今天的融创实际上在很多方面已经与当年的顺驰发生了质的改变。

第一，战略更加聚焦，而不是单纯的扩张。在 2007 年顺驰完全转给路劲的时候，顺驰已经进入了北京、上海、天津、石家庄、济南等 14 个城市，而融创却只深耕北京、上海、天津和重庆 4 个直辖市。今天来看，这样的聚焦战略是完全正确的，但是能够在 4 年前就确定这样的方针应该说是很有预见性的。

第二，更加注重合作，而不是一味的单干。融创和绿城的合作是目前能看到的地产界最佳合作案例。2013 年，融绿完成销售额 155 亿元，已经超过了当年 50 强的门槛值。作为两家的合资公司，竟然能创造出一个全新的 50 强企业，不能不说是一个奇迹。

第三，销售依然犀利，不愧是融创核心利器。业内从中介转开发商的不少，但能做到今天这种程度也就老孙一人。作为曾经的同行，我同样佩服融创的营销能力。由于融创聚焦在少数核心城市的中高端项目，其营销难度比一般的刚需改善更大，在这样的背景下，能够实现超 500 亿元的业绩，更是难能可贵。

第四，“胆大”一如既往，不失老孙的脾气和风格。无论是天价农展馆拿地，还是不顾资本界质疑的持续高负债率，老孙处之泰然，而且从某种程度上还享受这种争议和质疑，这才是真老孙，质疑中前行，争议中进步。

融创的确是一家好公司，老孙也是个好老板，但我还是要找找融创的不足。从战略来看，融创中高端定位与规模化运作要求之间还是存在矛盾。2013 年销售前 10 强企业中，仅有一家绿城是中高端，单价在 1.9 万元左右，排名第十。之前的绿城也有过希望做中高端这个细分市场来实现千亿元的目标，但是每次宋卫平提完千亿元目标之后企业都面临巨大的风险，2008 年那次是 4 万亿元救了绿城，2011 年那次是融创和九龙仓救了绿城。而今天融创也要通过中高端来实现规模发展，我个人认为两者存在一定的矛盾，鱼和熊掌难以得兼。

**融创中国各项运营指标** 单位：亿元；万平方米

| 销售金额 | | | | | |
|---|---|---|---|---|---|
| 2011 年 | 排名 | 2012 年 | 排名 | 2013 年 | 排名 |
| 193 | 18 | 356 | 12 | 508.3 | 11 |
| **销售面积** | | | | | |
| 2011 年 | 排名 | 2012 年 | 排名 | 2013 年 | 排名 |
| 119 | 33 | 200 | 25 | 235.8 | 28 |
| **2013 年各项指标** | | | | | |
| 进入城市数量 | 单城市产能 | 单项目产能 | 净负债率 | 三费比率 | 净利润率 |
| 8 | 63.54 | 16.94 | 71.80% | 8.31% | 10.32% |

回顾点评

**这是少数几篇在企业点评文章标题当中写到人的，这也恰恰指出了融创这个企业的核心。**

# 富力：700亿元，人艰不拆



在 2014 年年初的业绩会上，富力对外抛出了 700 亿元的销售目标，这是我完全没想到的。富力这次如此高调的报数，也许是富力改变的开始。

我对富力一直有很好的印象：

第一，团队稳定。最大的原因是富力双老板的架构，李思廉是一位翩翩君子，张力是激情四射，两人性格各异却合作默契，那么多年来从来没有传出过任何不合的信息。

第二，"均好"性强。富力是在业内比较少有的全能型公司，在住宅、商业、办公、酒店各方面都运作的比较好。我几乎找不到富力的短板，这是富力在风雨中一路走来的最大的倚仗。

第三，城市战略对头。过去多年富力进入的城市基本都是一、二线城市。其中，在大本营广州就抢夺了珠江新城板块内近三分之一的地块，另外北京、天津、上海这 3 个直辖市也很早进入储备了不少项目。在年成交千万平方米以上的城市中，富力覆盖了一大半。

第四，抗风险能力强。富力发展之路也不是一帆风顺的，特别是 2008 年全球金融风暴那个阶段，由于富力之前加大了持有型物业的比重，导致了资金压力较大。不过之后富力很好地吸取了教训，资金情况大大改善，所以 2010 年之后，抗风险能力逐渐转强。

作为房企中的老牌帝国，富力之前的特征是稳健有余而激情不足，但我并不觉得这种特征会给企业带来什么困惑。但 2014 年突然报出 700 亿元的销售目标，却让我有些担心。

一是，整体指标的压力。从 2013 年的 422 亿元的销售额到 2014 年 700 亿元的目标，一下子上升了 66%，特别是在 2014 年市场有压力的时候，700 亿元的销售目标显然是有难度的。

二是，部分城市的压力。2013 年富力在内地新进入了广东省内的梅州、佛山和珠海，上海周边的无锡、杭州、宁波，还有贵阳、福州、南宁、包头等城市。应该讲 2014 年浙江、海南等城市的市场还是存在一定的压力，这些都会对整体销售业绩产生影响。

三是，海外项目的压力。可能是受到碧桂园马来西亚项目成功宣传的影响，富力 2013 年也大举进入，85 亿元收购了马来西亚新山的项目。但是像碧桂园这样所有案场都来输送客源上岛来支持海外项目，不是每家公司都能复制的，而马航事件更会对马来西亚房地产有较大的影响。

当然，希望 700 亿元最终没有给富力带来压力，而是让老牌帝国注入更多活力，顺势再上台阶。如果真能如此，那么 700 亿元本身已经不是那么重要了。

**富力各项运营指标** 单位：亿元；万平方米

| 销售金额 | | | | | |
|---|---|---|---|---|---|
| 2011 年 | 排名 | 2012 年 | 排名 | 2013 年 | 排名 |
| 287 | 14 | 340 | 15 | 422 | 16 |
| 销售面积 | | | | | |
| 2011 年 | 排名 | 2012 年 | 排名 | 2013 年 | 排名 |
| 212 | 14 | 300 | 15 | 347 | 18 |
| 2013 年各项指标 | | | | | |
| 进入城市数量 | 单城市产能 | 单项目产能 | 净负债率 | 三费比率 | 净利润率 |
| 18 | 23.46 | 9.6 | 112.45% | 12.91% | 17.04% |

回顾点评

**富力后来把 700 亿元在半年报当中改掉了。虽然是“人艰不拆”，但最后它还是得自己拆。**

# 雅居乐：从700亿元到480亿元



2014 年 3 月，雅居乐公布了 2013 年的业绩快报，其中，最引人注目的是把 700 亿元的销售目标降到了 480 亿元。

雅居乐确实是一家在中国房地产行业中值得一说的企业。

第一，运营稳健。作为广州五虎之一，他具备了广东传统房企的特点，成本的控制、投资的谨慎等都使他能够这么多年来屹立中国房地产行业前 20 强。

第二，旅游地产业绩突出。2006 年，雅居乐投资的海南清水湾项目，当时还不被人看好。2010 年，恰逢海南省国际旅游岛规划的获批，海南市场全面启动，就在当年，清水湾项目达到了中国旅游地产销售额的天量：100 亿元，这个记录至今无人可破。虽然 2013 年回落至 78 亿元，但仍然是海南连续 5 年销售额第一的项目。

第三，土地储备充足、拿地成本较低。目前，雅居乐土地储备面积 4200 万平方米，平均土地成本 1180 元 / 平方米，在前 20 强企业中，土地成本仅高于恒大、碧桂园等少数企业。之前，雅居乐的土地储备主要集中在海南、云南等三、四线城市，2013 年，进入了上海、南京、杭州、长沙等一、二线城市，但即使这样，新增平均楼板价也仅为 2221 元 / 平方米。

第四，目标下调理性务实。这次销售目标的下调，让我觉得这更像雅居乐了。

最近几年，雅居乐意识到自身存在的一些问题：

一是战略，运作过分依赖于旅游地产。成也清水湾，但清水湾的成功让其选择全面走上旅游地产之路又拖累了雅居乐。但这一模式很难在其他的旅游地产项目上进行复制，哪怕就在海南也是非常困难的。

二是管控，是规模房企中较为封闭和保守的代表企业。雅居乐的家族化运作模式虽然是广东房企的常态，但作为上市房企则显得不同寻常。2014 年初的业绩发布会上，雅居乐做出了巨大的改变，一方面陈氏家族的 4 名成员都成为了非执行董事，另外提出了把开工周期缩减至 12—16 个月，最快在 8 个月之内完成。这都表明了雅居乐变革的决心。

三是结构，部分滞销项目库存严重。2013 年，雅居乐有 60 多个项目在售，其中销售前十项目金额占比达到 50% 左右，这一方面说明这些明星项目贡献度大，另一方面也说明其余 50 来个项目问题多多。

无论之前问题多严重，我们还是欣喜地看到 2014 年雅居乐发生的改变。不仅雅居乐，“广东五虎”也都在改变，这也许预示着中国房地产企业和行业都在进行一场伟大的变革。

**雅居乐各项运营指标**　　单位：亿元；万平方米

| 销售金额 | | | | | |
|---|---|---|---|---|---|
| 2011 年 | 排名 | 2012 年 | 排名 | 2013 年 | 排名 |
| 310 | 11 | 308 | 17 | 403 | 18 |
| **销售面积** | | | | | |
| 2011 年 | 排名 | 2012 年 | 排名 | 2013 年 | 排名 |
| 301 | 9 | 321 | 14 | 348 | 19 |
| **2013 年各项指标** | | | | | |
| 进入城市数量 | 单城市产能 | 单项目产能 | 净负债率 | 三费比率 | 净利润率 |
| 32 | 26.71 | 7.19 | 98.00% | 9.84% | 13.23% |

回顾点评

**最大的问题是旅游地产。成也旅游地产，败也旅游地产。**

# 金地："万保招金"不垫底



作为 A 股四大龙头房企"万保招金"之一，金地虽然不如万保招那么亮眼，但金地的气质和内涵仍让它在其中独树一帜。

一、运行平稳。虽然这几年的风头略显不足，但是从近几年的销售业绩及其排名来看，金地不管是销售额还是销售面积的排名基本稳定在第 13、14 位，具有"任凭市场风吹雨打，我自屹立不动"的风范，而这种平稳正是金地最显著的特征。金地运行平稳一方面是因为它混合所有制的结构股权分散，另外更重要的是和金地的气质有关，"科学筑家"这种理工科的严谨理性的特征决定了金地运行的平稳。

二、特色鲜明。金地是 20 强企业中少数只专注于中高端住宅的专家。金地这么多年耐住寂寞守住坚持，基本不参与商业地产，也没有随那些一线企业大流进入旅游地产、休闲地产或养老地产领域，一直致力于深耕中高端住宅，"科学筑家"从 2004 年提出就深入骨髓，在产品上表现出一种独特的苛求。

三、投资谨慎。经历了 2009 年拿地过于激进的教训之后，金地在拓展投资方面尤为谨慎。虽然 2013 年实际近 220 亿元的购地金额超过了原先 150 亿元的计划，但除了在北京拿的两幅地块过万之外，拿地成本都不高，平均楼板价 4196 元 / 平方米。

四、提速明显。经历了 2010 年高管的人事变动，金地做了很多的调整。而从 2013 年开始，金地发展速度明显加快。金地不甘于在“万保招金”中位列第四显而易见，特别是在万科和保利率先突破千亿元，招商也提出了千亿元的销售目标之后，金地的步伐进一步加快。

由于金地独特的气质和这两年拓展的需求，我认为金地需要注意以下几个方面：

第一，快速发展仍应适应自身的气质和特点。金地应将其一直专注于中高端产品领域的产品优势、资源优势和品牌优势与今天往上和往下的产品线延伸进行有机结合，开发出符合金地特质并能发挥其特长的各类住宅产品。

第二，快速发展应特别注意拿地的风险。金地 2010 年这轮快速发展期中遇到了上市以来最大的危机，项目的拿地成本很高、定位也高，入市之时又恰逢调控，像上海的金地佘山天境、北京朗悦等项目都出现了滞销，这对金地来说是个教训。当然，总裁黄俊灿是 CFO 出身，控制风险是他的擅长之处。

第三，快速发展应追求有质量的增长而非单纯规模的增长。今天我们已经不缺规模房企，我们不希望金地去做规模冲千亿元，我们更希望看到他是一家有特色的、不单纯追求规模的、利润率和 ROE 等指标位列前茅的企业。

**金地 2011—2013 年销售业绩** 单位：亿元；万平方米

| 销售金额 | | | | | |
|---|---|---|---|---|---|
| 2011 年 | 排名 | 2012 年 | 排名 | 2013 年 | 排名 |
| 290 | 13 | 352 | 14 | 450 | 13 |
| **销售面积** | | | | | |
| 2011 年 | 排名 | 2012 年 | 排名 | 2013 年 | 排名 |
| 212 | 15 | 293 | 16 | 360 | 15 |

回顾点评

**一年都在和“野蛮人”做斗争，主营业务要赶上。**

# “红得发紫”的华夏幸福



“京津冀一体化”的多次强调，最受益的除了河北特别是保定和德州之外，就属发家于河北廊坊的华夏幸福了。

作为全国 20 强中唯一一家以“产业新城”为核心发展的企业，华夏幸福有很多特点值得我们关注。

首先，华夏幸福大部分业务虽在河北，但其客户来源却是北京溢出的消费群体。某种意义上，华夏幸福是占领了北京“七环”这个良好的地理位置。企业在 2013 年 210.6 亿元的营业收入中，环北京区域贡献达到 98.6%。在利用北京资源的能力上，华夏幸福表现突出，甚至优于融创中国。

其次，华夏幸福在固安的产业地产成功案例，是值得很多人学习的。全中国，做产业地产的企业很少，而能够做成功的更少。很多情况下，在进行产业新城的建设中，通常是政府主导，但是华夏幸福却代替了政府的一部分职能，和政府共同主导产业园区的开发和招商。截至 2013 年 12 月底，华夏幸福基业为园区累计投资 220 亿元。

再次，凭借鲜明的特色和优势，华夏幸福拥有超强的拿地能力。目前来看，能如此成熟运作产业园区的企业寥寥无几。而各地政府希望建立产业园区提高城市整体生产总值的欲望又非常强烈。在此背景下，华夏幸福在拿地过程中攻城拔寨，所向披靡。

第四，华夏幸福拥有超高效率的管理团队和执行团队。尤其

是华夏幸福营销 / 招商人员规模庞大，2011 年该部分人员达到 750 人。同时通过 2012 年”常青藤”培训计划，将企业人员进一步优化和调整。2013 年，企业销售人员缩减至 582 人，但却承担起了规模更大的业务分布。据说，华夏幸福的团队是目前想要做产业地产的企业纷纷挖墙脚的对象。

但“红得发紫“，企业也需要防止”紫得变黑“。这套”产业＋地产“的模式能否在其他地方复制成功，将会成为华夏幸福未来发展的重大挑战。今天在环北京区域的成功，除了企业自身的因素之外，还跟北京市场独特的市场环境有密切关系。如今，华夏幸福进入的其他地方的业务贡献还没有体现。

我觉得对于华夏幸福来说，他应该继续发挥其在环北京的优势，利用好“京津冀一体化“的东风，把环北京做深做透。环北京每年千亿元的销量，依然足够华夏幸福未来 5—10 年的发展。目前来看，将业务快速拓展至其他区域，时机还没完全成熟，企业需要谨慎决策。

**2011—2013 年华夏幸福销售额** 单位：亿元

| 销售额分布情况 | | 2011 年 | 2012 年 | 2013 年 |
|---|---|---|---|---|
| 产业新城 | 园区开发业务结算回款 | 36.05 | 30.16 | 75.77 |
| | 园区配套住宅 | 109.41 | 144.91 | 236.09 |
| 城市地产 | | 18.83 | 35.18 | 59.16 |
| 其他业务（物业、酒店） | | — | — | 3.22 |
| 总计 | | 165 | 211.35 | 374.24 |

数据来源：企业财报。

回顾点评

**同样也提醒华夏千万不要“紫得发黑”。**

# 高大上的远洋地产



自 2009 年我们开始进行中国房地产企业销售排名，远洋地产已经连续 5 年排在 20 强的行列了。最近几年，远洋地产改变了快速扩张的步调，相对前几强来说发展速度有所放缓，把相当大的精力投入非住宅领域，高调进入商业地产、养老地产、金融等领域。从一家住宅开发商，变成一家综合开发商。

对于一家央企来讲，能够在短短的几年内进行这么多的革新，实属不易，远洋地产确实是一家非常有特色的企业。

第一，企业在业务方面综合布局，各类产品运作均衡。虽然目前依然以住宅地产为主，其占总营业收入的比重达到 90%，但远洋地产在另外三大业务板块脚步较快，且确立商业地产“4、3、1”的发展战略，即商业地产未来在总资产规模的占比达 40%，贡献 30% 的利润，营业额占比 10%。

第二，在非住宅业务领域开发和运营模式得到市场认可。特别是在商业地产方面，远洋地产有很多的实践。远洋地产旗下的写字楼均是以高标准的管理和建设措施打造，甚至可以与香港开发的甲级写字楼媲美。企业还与商业地产开发经验丰富的太古合作，共同开发太古城、北京颐堤港、成都大型商业综合体。

第三，远洋地产在北方区域优势明显，尤其是京津和东北，拥有较高的市场地位。特别是在北京，远洋地产在城市排名中一直靠前。而旗下高端项目万和公馆、远洋 lavie 销售可观，年度销售额在 25 亿元以上，均进入北京 2013 年项目销售金额榜十强，分别位居第五名及第九名。

一直追求高大上的远洋地产，在最近几年的发展过程中，还是碰到了一些障碍。

第一，企业对外拓展方面的障碍。由于企业主要集中在京津和东北发展。所以远洋地产希望南下，但是在扩张的过程中遇到了一定困难，一方面速度偏慢，只进入上海杭州少数城市，另一方面是上海的拓展显得有点水土不服。从 2010 年远洋进入上海以来，企业共计运作了 3 个项目，其中远洋博堡由于定位偏差，销售滞后。

第二，商业地产投入较多，但是回收期较长。截至 2013 年底，远洋地产经营性物业的总建面已经达到 85 万平方米，同比上涨 47%。然而，看似顺畅的商业版图却存在问题，即租金过低。

第三，养老地产运作脱离实际。养老地产与中国人寿、包括与美国公司合作，理论上是没有问题的。海外模式就是保险加运营，但是在今天中国则过分超前了。

现在，远洋地产大股东既然是中国人寿，就应该和中国人寿好好研讨一套中国未来的房地产金融模式，这才是远洋地产包括中国房地产企业的重要课题。如果在这个方面有突破的话，远洋地产应该可以再上一个台阶。

回顾点评

**2014 年上半年退步较快，下半年迎头赶上。高大上不能不接地气。**

# 房地产界的“苹果”
## ——复星地产



复星集团 1992 年诞生于上海，是少数几家上海民企能够在行业内名列前茅并独树一帜的。经过多年的发展，复星集团目前已经参控股 42 家海内外上市公司，表现十分抢眼。

纵观复星地产，我们发现企业有以下几个亮点：

首先，复星地产内部很早就完成了产品线的细分，而且各产品线独立运作。在复星地产旗下，有专门开发住宅的复地，有专门开发商办的星浩，有专门负责养老的星堡，还有星豫、星泓、星颐、星景、BFC、浙商建业等多家开发运营企业。除了复地、星浩之外，其他几家公司也开始有了实质性的运作。

第二，复星将金融和房地产紧密结合。从 2010 年星浩资本的成立，实际就预示着复星地产全面开始实施金融房地产运作的模式。今天，当大家都明白金融地产模式是未来房地产方向的时候，实际上复星已经整整运作 5 年了。2014 年年初企业又收购葡萄牙最大的保险公司 Caixa Seguros（CSS）。在金融房地产模式的这条路上，复星地产比其他企业走的更加超前。

第三，产业与地产的全面结合，这也是复星地产的创举。如果说今天是做产业地产的公司，将产业对接地产，大家还可以理解。但是将不同的产品均找到合适的产业来对接，这种思维模式和运作能力是独一无二的。例如，复星地产为了打造产业条线平台之一的旅游地产，收购了法国度假村运营商 Club Med，并且联合柯兹纳共同打造海南亚特兰蒂斯。

第四，“蜂巢城市”的实践，也值得大家关注。2013 年，基于对新型城镇化的理解，复星地产又提出了“蜂巢城市”的概念，并指出了“产城一体”方案。这实际是将复星地产下属的各块产业，包括旅游、商业、养老等各块产品组合成区域级、城市级的大开发概念。

应该讲，复星地产不愧为中国房地产企业的“苹果公司”，董事长郭广昌也是领风气之先的大佬。但作为一家房地产公司，我还是要提出一些有待商榷的地方。首先，作为地产公司本身，企业今天的发展速度还是慢了一些。第二，由于企业地产发展模式理念较新，郭广昌思维也十分领先，存在理念还没有完全转换成实践的情况。很多时候，创新只要领先一两步就足够了。第三，现在的模式中，养老、旅游、健康等板块相对比较超前，需要一定时间的培育期。但是对于大多数的房地产职业经理人来讲，更希望做项目来体现自身的成就感。所以，部分板块存在经理人变动较多的情况。

但无论怎么样，希望复星地产能够在理念和模式上依然保持领先，更希望在实践和运作上进一步夯实，能够“灵魂跟上脚步”，真正成为房地产界的“苹果公司”。

回顾点评

**房地产界的“苹果”，灵魂必须跟上脚步。**

# 以变应变的佳兆业



在群雄并起的广深，佳兆业是最近崛起的一颗新星。一方面是因为它的发展速度，另一方面是因为它的战略调整，2012 年末开始了从进军三、四线城市调回了以一、二线城市为主的战略，并打出了城市更新的品牌。另外，佳兆业的人事变动也引人注目，上市之后换过三任总裁，企业战略也发生了 180 度的调整，这种情况在规模房企中只此一家，所以越发引人注目。

一、专注一线城市的背后是佳兆业“血”的教训。佳兆业发端于深圳，之后在环渤海、长三角、中西部等区域开始了全面拓展，特别是从 2010 年末开始的短短两年中，进入了东北的沈阳、鞍山、本溪、辽阳、绥中、营口、抚顺、锦州、大连等近 10 个城市。但就结果而言，不能说是兵败东北，但也可以说是深陷泥潭。好在佳兆业进行战略调整，快速退出了三、四线城市，重新开始了一线城市的探索。自 2012 年开始，佳兆业连续在上海拿了 6 个项目共 49 万平方米；深圳的项目个数已经达到了 14 个，战略转型初见成效。

二、佳兆业的执行力和狼性文化值得称道。金志刚任总裁之后，以结果为导向，强调执行力和狼性文化。他引领了上一波 2011 年的调控中的降价行动，特别是在确定了要从三、四线城市战略撤退的方向之后，在价格上一路杀到了底。今天回过头来看，如果没有当时壮士断腕的决心和强大执行力的话，佳兆业很有可能还深陷两个战场之中。

三、佳兆业在城市更新方面有独到之处。深圳城市更新项目的争夺非常激烈，佳兆业曾经击败过万科、中海等龙头企业。目前，佳兆业已经形成了一套城市更新的成熟模式，并且拥有全国范围内最大最专业的旧改公司——佳兆业置业发展有限公司。

从目前情况来看，佳兆业还处于战略调整期，还应注意以下几个方面：

第一，销售。佳兆业是以销售见长的企业，往往在市场波动的情况压力反而更大，因为这类企业往往以高周转模式运作。

第二，利润率。由于战略调整还未完全解决，部分三四线城市的项目还有待去化，在这个过程中，佳兆业要注意利润平衡的问题。

第三，资金。2013 年，佳兆业通过多种方式拿地支出高达 147 亿元，而销售金额 239 亿元，拿地销售比 0.62，相对其他企业已经较高。

佳兆业作为深耕一线及城市更新为主要方向的企业，当前规模已经比较合适了，进一步夯实基础，抓住一线城市持续发展的红利，佳兆业还大有可为。

**佳兆业各项运营指标**　　单位：亿元；万平方米

| 销售金额 | | | | | |
|---|---|---|---|---|---|
| 2011 年 | 排名 | 2012 年 | 排名 | 2013 年 | 排名 |
| 153 | 23 | 173 | 29 | 239 | 25 |
| **销售面积** | | | | | |
| 2011 年 | 排名 | 2012 年 | 排名 | 2013 年 | 排名 |
| 218 | 12 | 258 | 17 | 245 | 26 |
| **2013 年各项指标** | | | | | |
| 进入城市数量 | 单城市产能 | 单项目产能 | 净负债率 | 三费比率 | 净利润率 |
| 29 | 13.28 | 6.83 | 62.10% | 11.49% | 11.08% |

回顾点评

**由于众所周知的原因，佳兆业的未来扑朔迷离。**

# “河南”建业，明天更好



在所有房企都在进行全国化的过程中，只有一家规模房企迄今还坚持省域化的发展战略，它就是建业地产。2013 年建业合约销售 140 亿元，销售面积 204.7 万平方米，销售面积位列全国 30 强。虽然金额未能入榜 50 强，但我还是觉得能够在一个区域内深耕到如此程度实属不易。

一、区域深耕做到极致。建业地产成立于 1992 年，20 多年持之以恒在一个区域深耕。在 2014 年的业绩发布会上，胡葆森说“河南有 120 个城市，我们现在才做了 40 个，在没有做完之前不会考虑出去”。如果每一家房企都能够在自己所进入的区域里做到建业这种程度，那么中国的千亿企业还将更多。

二、因地制宜实现住宅全产品发展。建业 2014 年首 4 月平均销售价格 6522 元 / 平方米，最低项目单价仅约 3000 元 / 平方米，而在郑州项目最高价格超过 25000 元 / 平方米。建业能够在 3000—25000 元的不同产品线当中，从一个县的保障房一直做到省会的豪宅，还要确保实现盈利，实际上比其他房企面临的难度要高得多。从这点来讲，我也非常佩服胡葆森。

三、积极承担社会责任。建业进入了河南省 40 个城市，开发了众多中端低端的项目，为河南省众多城市的城市建设和整体房地产水平的提升起到了非常大的推动作用。从这点来讲，值得我们所有地产人的尊敬。

但是如果单纯从企业发展的角度来讲，建业地产还是有点可惜了。

首先，区域深耕没有问题，但是建业进入的城市太多了。如果今天不谈社会责任，只谈生意，河南 40 个城市中一大半是没有必要进的。如果建业只进入河南最核心的 10 个（或者更少）城市，也许建业的业绩可能会更好。

其次，建业在郑州的发展速度偏慢。2002 年建业开始启动省域化发展战略，2005—2012 年是建业进入其他城市速度比较快的几年，影响了其在郑州市场的发展和地位，近两年建业都未能进入郑州房企销售前三位。赢郑州则赢河南，郑州房地产是河南的根本，10 年前的战略对建业来讲是影响较大的，好在这两年建业又重新把业务聚焦回郑州。

再次，建业的产品线主要偏重住宅，商业（我指纯商业，不含办公）考虑较少。实际上在做区域深耕的时候，商业这块完全应该考虑更多，这样才会有更大的优势。没有抓住整个河南商业地产的红利，也是非常可惜的。

从目前情况来看，建业最近两年也已经开始做了一些积极的战略调整，在郑州的土地储备大大增加。另外，建业在大服务体系方面也在加强。建业在河南的品牌影响力和溢价能力都是遥遥领先的，在这种情况下，尽快推动大服务体系，更是重中之重。“河南”建业，明天更好！

回顾点评

**区域深耕，堪称楷模。2015 年建业会更好。**

# 脱胎换骨的阳光城



阳光城是我比较熟悉的企业，但是最近三年的变化之大简直让我不敢相认。作为一家老牌 A 股上市企业（2002 年上市），阳光城虽然在福州排名靠前，但之前在全国没啥名气。2011 年其销售额还徘徊在二三十亿元，突然之间“麻雀变凤凰”——2012 年全年实现销售额 73 亿元，2013 年飞跃到 220 亿元，接近 2011 年的 10 倍。2014 年，阳光城剑指 300 亿元。

是什么推动了阳光城的脱胎换骨呢？我觉得主要有以下几个方面：

第一，引入以陈凯为核心的管理团队，并充分授权。2011 年末陈凯空降至阳光城做总裁，说实话我当时并不看好，但很快陈凯及其团队就改变了阳光城，令人刮目相看。当然，能够为陈凯及其团队提供如此充分发挥的平台，阳光城的董事长林腾蛟先生也非常值得敬佩。

第二，强运营是保障，这是阳光城巨大改变的关键。阳光城的战略五步是高周转＋低成本、股＋债、丰富产品线＋精选城市、扁平化＋青年近卫军、信息对称＋评价到位，其中高周转＋低成本是考验企业运营能力最核心的地方，在陈凯加入不久，阳光城内部很快建立了独特的运营系统。之前，陈凯在龙湖的时候也是以系统化的运营能力著称。

第三，抓住热点城市机会，夯实土地储备基础。2012 年底阳光城陆续进入上海、苏州、杭州等长三角热门城市。2013 年阳光城在上海获取的 5 个项目都位于自贸区辐射范围，抢先完成环自贸区的布局，时间节点把握得很好。

第四，高杠杆高周转运作，资金效率极高。阳光城在财务杠杆这块一直是受诟病比较多的，但我还是认为其在财务运作方面是可取的。从拿地开始，就比较多的采用和各类金融机构全面合作的方式进行融资，充分利用了资金杠杆。同时，阳光城通过多元化融资渠道，降低资金成本，2013 年综合融资成本由 2012 年的 14% 下降到约 10.5%。

任何一家短期内高速发展的企业，到达一定的阶段后都需要作出一些调整，阳光城也需要注意几方面的情况。

首先，市场波动之后高周转变成高存货的风险。阳光城的快速发展最核心的一点就是高周转，从拿地到首次开盘平均周期是 8 个月左右。但是现在市场完全不一样了，开盘滞销的情况比比皆是，高周转变成高存货并不是没有可能。另外，还有高杠杆高负债的资金风险。中国大多数都采用借贷方式融资，即使是基金，也不是真正意义上基金，“名股实债”运作方式与海外基金是有很大差距的。这实际上短期内还是会对阳光城的现金流产生影响。

市场调整对阳光城来讲是挑战也是机遇，阳光城可以改变的更加彻底。结尾我想引用陈凯演讲中的一句话：“活得久，更重要；小而美，也不错。”

回顾点评

**一定要控制规模，小而美其实更不容易。**

# 中而美的旭辉



如果评最近三年新上市的房企当中谁进步最快、表现最为突出，旭辉可以说当之无愧。旭辉 2012 年 11 月上市，上市当年销售额达到 95.4 亿元，同比增长 75.5%，2013 年销售额进一步增长 60.5% 至 153.2 亿元，2014 年上半年销售额 102 亿元，在弱市中继续保持了 42.5% 的高增长，实属不易。从企业盈利角度来看，2013 年旭辉实现核心净利润 15.2 亿元，同比增长 64.9%，核心净利率上升 1.5 个百分点至 12.8%，较 2011 年增长 211%。可以说，各项指标都领先于最近几年上市的其他诸多房企。

旭辉来自福建，但发展于上海，今天已经是海派房企的典型代表，而旭辉也确实体现出了海派房企的诸多特色。

第一，均好。要找旭辉的短板很难，旭辉在投资、开发、产品以及营销等各个方面都可圈可点，是一家典型的均好型房企。这在当前的市场当中显得更为难得。

第二，谨慎。小心驶得万年船，旭辉像诸多海派房企一样，在投资方面尤为谨慎。以 2013 年上海拿地为例，基本上每块地的拍卖旭辉都会参加，但是一旦溢价率达到 10% 以上，旭辉大多就会率先退出，凭借此招 2013 年在上海通过招拍挂以底价拿到的 3 块地块，堪称奇迹。

第三，合作。旭辉有相当强的合作精神，在很多项目中都与其他企业合作，还是以 2013 年为例，新拿地中有 2/3 的项目都是与其他企业或基金等合作的。

第四，职业。旭辉和很多福建房企一样，执行董事是林中兄弟三人，表面看上去像一家家族企业，但是事实上企业的职业化程度相当高，除了三兄弟之外，各个条线各个部门，从副总裁陈东彪到城市总基本上都是行业内的知名职业经理人，特别是有一批前万科人是目前旭辉的骨干。

第五，战略。产品结构方面，旭辉坚持“721”战略，即70%的刚需住宅、20%的商办物业和10%的其他类创新产品；项目运营方面，则坚持“8611”高周转战略，即从拿地到开盘8个月、首次开盘去化率达60%、11个月快速回笼资金。实际上旭辉的市场节奏可以说把握的非常准，前年上市前后市场还没有完全复苏的时候就加快了投资步伐，2013年在市场火爆的时候则避免了土地上面的争夺，每一次都踏准了市场节拍。

作为连续几年都备受关注的“黑马”，2014年旭辉已经成为了备受关注的“白马”，压力明显加大。但我还是相信作为中而美的公司，旭辉的未来仍然值得期待！

旭辉主要运营指标

| 分类 | 指标 | 2012年 | 2013年 | 2014年上半年 |
|---|---|---|---|---|
| 销售 | 销售金额（亿元） | 95.44 | 153.19 | 102 |
| | 销售面积（万平方米） | 101.50 | 142.83 | 81.6 |
| | 平均售价（元/平方米） | 9300 | 10725 | 12500 |
| 拿地 | 拿地金额（亿元） | 34.32 | 152.91（权益107.72） | 22.91（权益19.02） |
| | 拿地建面（万平方米） | 148.78 | 377.56 | 54.72 |
| | 楼板价（元/平方米） | 2307 | 4050 | 4187 |

数据来源：企业财报、公告。

回顾点评

**均好型房企今天已经很少了，旭辉是一家。**

# 后记 *Postscript*

从 2013 年 12 月 31 号发布第一篇文章到 2014 年 12 月 31 日，没想到“丁祖昱评楼市”，竟然坚持了一年。今天能将这些文稿精选成册，感慨良多。

## ·成长·

不知不觉中，走过一年时间的“丁祖昱评楼市”共完成了366篇正文，还不包括现有栏目——“昱言楼市”、“周末大家谈”、“老友记”的内容。全部加起来，总计约有50万字。

“丁祖昱评楼市”的最初形式是热点、市场、城市的整体点评，后来又产生了几个新的栏目：1月12日，“一周热点评论”和大家见面；7月12日，“周末大家谈”的出现获得了业内关注；8月28日，“昱言楼市”、“丁丁老友记”横空出世。“丁祖昱评楼市”在这些新栏目的诞生中不断成长。

## ·数字·

在这一年的时间内，“丁祖昱评楼市”的文章在业内产生了一定的影响，日均阅读量为9765，单篇阅读量的最高值为52473，单篇转发最高值为2595，这些数据也是对“丁祖昱评楼市”最大的褒奖和肯定。其中《肖莉离职预示着三个进步》（阅读量：52473）、《西安万科，请真诚地“说对不起”》（阅读量：35760）、《绿城“全武行”，最黑暗的一天》（阅读量：27821）、《不能让“马佳佳”左右房市》（阅读量：23033）等一些有高关注度的文章也给了“丁祖昱评楼市”继续前行的动力。

3月10日对于“丁祖昱评楼市”来说是一个值得纪念的日子，微信号粉丝在这天破万。这一年中，“丁祖昱评楼市”月平均“增粉”3900人，截至2014年年底，用户总数已经超过4.5万。“丁祖昱评楼市”在一年的时间内获得超过4.5万用户的关注，在房地产行业原创个人公众号中遥遥领先。

## · 收获 ·

无知者无畏，当时我认为写东西不是特别困难的事情，所以一上来就说要坚持写一年，开始之后才知道，真没有那么容易。一件事做一两天并不难，长期坚持下来则是一个巨大的挑战。

在“丁祖昱评楼市”这个微信公众号的挑战之下，我获益良多。最大的收获源于不断增加的粉丝，从0到今天的4.5万人，粉丝中既有老友，也有从未谋面而今成为至交好友的业内朋友。更多的是我到很多知名房企进行交流时，虽然和多数的企业管理层都素未谋面，但只要提到“丁祖昱评楼市”，他们都很熟悉，并说天天在关注，这会迅速拉近我们双方的距离。

做这个微信公众号的另一大收获是，我个人养成了一个习惯，每天关注市场变化、企业动态等方方面面，大到宏观政策、经济数据，小到一个楼盘的销售情况，不断与市场接触，保持对中国房地产最大的热情。这个习惯，使我在2014年获取了专业上的长足进步。

另外，坚持做“丁祖昱评楼市”也是对我个人性格最大的磨炼，也让我更坚信了“世上无难事，只怕有心人”这句话。

## · 感谢 ·

一同经历了这一年后，今天，我也要借这本书的出版，感谢让我坚持到底的同事、朋友和家人。

首先，感谢“丁祖昱评楼市”的幕后团队——克而瑞的孟音、林波、崔琳、杨晨青、杨科伟、房玲、朱一鸣、沈晓玲、尹鹏、罗雯、马千里、余仁花、傅一辰、杨晶晶与品牌中心的杨婕、李斌、李瑞娟、张雯蕊、葛瑶、张红贤、金涛、杨岚、陈侃元、丰杰、荆瑞霞，他们共同组成了一支强大的“丁丁微战队”，全年努力把这个公众号最好地呈现给大家。虽然公众号名字叫“丁祖昱评楼市”，但实际上是大家共同劳动的结果——每天在我们共同确定好主题后，我口述文章内容，相关同事根据录音整理成文，并补充相关数据与图表，由我审核确认，美术编辑配图设计，最后在第二天早上7点50分之前按时发布。

然后，我要感谢认识我或不认识我的朋友，他们坚持每天阅读，为文章点赞，留言鼓励我，也提出了各种建议与意见。因为有了这4.5万多粉丝全年的支持与期待，才有今天的“丁祖昱评楼市”。很多人告诉我，他们已经养成了一个习惯，有的是每天上班途中阅读我的微信，更有的是起床一睁眼就习惯性点开。

最后，我要感谢家人。由于每天写微信，肯定减少了与家人交流、沟通的时间，但无论是太太夏妍与孩子丁圣道都非常支持我做这件事。妻子会每天阅读我发布的文章，然后点赞，并提出具体的意见与各种建议，因此要特别感谢她。

2015年已经开始了，写“丁祖昱评楼市”也成为了我的一个习惯、爱好，希望它能一直陪伴大家，也希望在大家的支持下“丁祖昱评楼市”越做越好。

**图书在版编目(CIP)数据**

丁祖昱评楼市:"丁祖昱评楼市"年度精选作品/丁祖昱著. —上海:上海人民出版社,2015
ISBN 978-7-208-12747-0

Ⅰ.①丁… Ⅱ.①丁… Ⅲ.①房地产市场-中国-文集 Ⅳ.①F299.233.5-53

中国版本图书馆 CIP 数据核字(2015)第 001401 号

责任编辑 李 莹

**丁祖昱评楼市**
——"丁祖昱评楼市"年度精选作品
丁祖昱 著
世 纪 出 版 集 团
上海人民出版社出版
(200001 上海福建中路 193 号 www.ewen.co)
世纪出版集团发行中心发行 常熟市新骅印刷有限公司印刷
开本 720×1000 1/16 印张 17 插页 2 字数 237,000
2015 年 1 月第 1 版 2015 年 1 月第 1 次印刷
ISBN 978-7-208-12747-0/F·2285
定价 68.00 元